Vegano y delicioso 2023

Descubre el sabor de la comida vegana con ingredientes frescos y naturales

Ana López

Tabla de contenido

Coliflor Asada Con Curry 11
Garbanzos al Curry 13
Curry de lentejas marrones 15
Ensalada con col rizada y pesto de tomate 17
Sopa De Frijoles Blancos Cocida Lentamente 18
Envoltura de tofu vegano 20
Tazón De Burrito Vegano Con Chipotle 22
Chili vegano simple de frijoles negros 25
Salteado Indio De Lentejas Rojas Y Tomate 27
Ensalada levantina de garbanzos y guisantes 30
Sopa De Zanahoria Y Cardamomo 32
Pilaf de coliflor y arroz basmati 34
Receta vegana de impresión de ensalada de col 36
Pasta de Crema de Aguacate 38
Ensalada Vegana De Quorn 40
macarrones con queso vegano 41
Sopa de fideos mexicana con cabello de ángel 43
pizza vegana 45
Ensalada de cítricos de fresa y col rizada 47

salteado de tofu 49

Salteado De Espinacas 51

Salteado De Berros 53

Salteado de col rizada 55

Salteado de Bok Choy 57

Salteado de Choy Sum 59

salteado de brócoli 60

Pizza vegana con masa rellena 62

Salsa Alfredo Vegana 64

Sándwich de ensalada de aguacate 66

Fajitas Veganas 67

Ensalada De Lechuga Butterhead Y Tomate 69

Ensalada frisee y almendras 71

Ensalada De Lechuga Romana Y Anacardos 73

Ensalada de lechuga iceberg y cacahuetes 75

Ensalada frisee y nueces 77

Ensalada De Lechuga Butterhead Y Nueces 79

Ensalada De Lechuga Romana, Tomate Cherry Y Almendras 81

Ensalada Bibb De Lechugas, Tomate Y Nueces 83

Ensalada De Almendras, Tomate Y Lechuga De Boston 85

Ensalada de lechugas de tallo, pepino y almendras 87

Ensalada de lechuga, tomates cherry y nuez de macadamia 89

Ensalada De Lechuga Butterhead, Tomate Cherry Y Anacardos ... 91

Ensalada De Lechuga Romana, Tomate Cherry Y Nueces De Macadamia 93

Ensalada De Lechuga Iceberg, Manzanas Y Nueces 95

Ensalada De Lechugas, Tomate Y Almendras 97

Ensalada de cerezas frisee y nuez de macadamia 99

Ensalada De Lechuga Romana, Uvas Y Nueces 101

Ensalada de lechuga, tomates cherry y albahaca tailandesa 102

Ensalada De Lechuga, Hojas De Menta Y Anacardos 105

Ensalada De Lechuga, Tomate Y Maní 107

Ensalada De Lechuga Butterhead, Naranja Y Almendras 109

Ensalada Simple De Lechuga, Tomate Y Almendras 111

Ensalada De Lechuga Romana, Tomate Y Avellana 113

Ensalada De Lechuga Frisee, Cebolla Y Estragón 115

Ensalada frisee de tomate, almendras y estragón 117

Ensalada Frisee De Tomate Y Avellanas 119

Ensalada De Frisee Y Calabacín 121

Ensalada De Lechuga Romana Y Avellanas 123

Ensalada De Tomates Y Almendras Con Lechuga Iceberg 125

Ensalada frisee y queso feta 127

Ensalada frisee y queso feta 130

Guardar Albahaca y Queso Vegano 132

Ensalada De Lechuga Romana Y Pistacho 134

Lechuga Frisee Tomates Y Cebolla En Vinagreta De Aceite De Nuez De Macadamia 136

Lechuga Romana Tomates y Pistachos 138
Alcachofa Alcaparras y Ensalada De Corazón De Alcachofa 140
Ensalada De Verduras Mixtas De Elote Y Corazón De Alcachofa 141
Lechuga Romana Con Aderezo De Tomatillo 142
Ensalada griega de lechuga romana y tomate 144
Ensalada de tomate ciruela y pepino 146
Ensalada de pepino con champiñones enoki 147
Ensalada de tomate y calabacín 148
Tomatillos con ensalada de pepino 149
Ensalada de cebolla y tomate pera 150
Ensalada de tomate y calabacín 151
Ensalada de Tomate Heirloom 152
Ensalada de champiñones enoki 153
Ensalada de corazones de alcachofas y tomates ciruelas 154
Ensalada de maíz tierno y tomates ciruela 155
Ensalada De Verduras Mixtas Y Tomate 156
Ensalada de lechuga romana y tomates pera 157
Ensalada de Endivias y Hongos Enoki 159
Ensalada de alcachofas y tomates 160
Ensalada de col rizada y tomate heirloom 161
Ensalada De Espinacas Y Tomatillo 162
Ensalada Mesclun y Champiñones Enoki 163
Ensalada De Lechuga Romana Y Pepino 164
Ensalada De Kale, Espinacas Y Calabacín 165

Ensalada De Kale De Alcachofas Y Hongos Enoki 166
Ensalada De Endibias Y Alcachofas 167
Ensalada De Escarola Y Calabacín 169
Ensalada de Mezclum y Lechuga Romana 170
Ensalada mixta de verdes y tomatillo 171
Ensalada De Lechuga Romana Y Endibias 172
Ensalada de alcachofas y kale 173
Ensalada de col rizada y espinacas 174
Ensalada de zanahorias y tomate ciruela 175
Ensalada de tomate con maíz y ciruelas pasas 176
Ensalada mixta de zanahorias verdes y baby 177
Ensalada de lechuga romana y maíz tierno 178
Ensalada de maíz tierno y escarola 179
Ensalada de coliflor y tomatillo 181
Ensalada de brócoli y tomatillo 182
Ensalada de espinacas y coliflor 183
Ensalada de col rizada y brócoli 184
Ensalada de col rizada, espinacas y brócoli 185
Ensalada de alcachofa, kale y brócoli 186
Ensalada de maíz tierno y escarola 187
Ensalada mixta de zanahorias verdes y baby 188
Ensalada de tomate y maíz baby 189
Ensalada de Enoki y Maíz Baby 191
Ensalada de endivias y alcachofas de tomate Heirloom 192

Ensalada con tomates ciruela kale y cebolla 193
Ensalada De Espinacas, Tomates Ciruela Y Cebolla 194
Ensalada de berros y calabacines 195
Ensalada de mango, tomate y pepino 196
Ensalada de melocotones tomates y cebolla 197
Tomatillo de Uva Negra y Cebolla Blanca 198
Ensalada De Uva Roja Tomatillo Y Calabacín 199
Ensalada de col lombarda, tomates pera y cebolla 200
Ensalada de tomate y pepino con repollo Napa 201
Ensalada de col roja y napa 202
Ensalada con uvas negras y rojas 203
Ensalada De Mangos Duraznos Y Pepino 204
Ensalada Con Setas Enoki De Berros Y Calabacín 205
Ensalada De Kale, Espinacas Y Pepino 207
Ensalada de kale, tomate y calabacín 208
Ensalada De Espinacas, Tomate Ciruela Y Pepino 209
Ensalada de agua de tomate cherry y pepino 210
Ensalada de tomate y pepino Heirloom de Mango 211
Ensalada De Duraznos Y Tomate 212
Ensalada de uvas negras y tomates ciruela 213
Ensalada de uvas rojas y calabacín 214
Ensalada de col lombarda y tomatillo 215
Ensalada de pepino, champiñones y repollo Napa Enoki 216
Ensalada De Piña, Tomate Y Pepino 217

Coliflor Asada Con Curry

INGREDIENTES

1 coliflor, sin hojas ni tallos y cortada en floretes del tamaño de un bocado

1/2 cebolla amarilla grande, en rodajas finas

2 cucharadas de aceite de oliva virgen extra

1/2 taza de guisantes congelados

Ingredientes herbales

1/2 cucharada de polvo de curry rojo

1/4 cucharadita de pimiento rojo molido (opcional)

Sal marina y pimienta al gusto

Precaliente su horno a 400ºF.

Coloque los floretes en un recipiente y enjuague con agua fría.

Drenar el agua.

Cubra un molde para hornear con papel de aluminio.

Coloque la coliflor y la cebolla roja en la bandeja para hornear.

Vierta el aceite de oliva y espolvoree los ingredientes del condimento.

Combine bien los ingredientes enumerados anteriormente.

Hornee durante 45 minutos, revolviendo una vez.

Descongele 1/2 taza de guisantes mientras se hornea la coliflor.

Retire la mezcla de coliflor del horno después de 45 minutos y agregue los guisantes.

Mezcle y cubra todo con aceite y especias.

Garbanzos al Curry

INGREDIENTES

2 cucharadas de aceite de oliva virgen extra

1 cebolla roja mediana, cortada en cubitos

4 dientes de ajo, finamente picados

2 latas de 15 oz de garbanzos, escurridos

1 lata de 20 oz de salsa de tomate

1 taza de agua

1 cucharada de polvo de curry rojo

1/2 manojo de cilantro fresco, enjuagado y sin tallos y picado en trozos grandes

Sofreír la cebolla y el ajo en una sartén con aceite de oliva a fuego medio hasta que se ablanden (tarda unos 4 minutos).

Escurra los frijoles y agréguelos a la sartén.

Agregue la salsa de tomate, el agua y el curry en polvo.

Remueve todo bien mezclado.

Cocine a fuego medio.

Agregue cilantro a la olla.

Revuelva y cocine a fuego lento hasta que la salsa tenga una consistencia espesa.

Curry de lentejas marrones

INGREDIENTES

1 cucharada de aceite de oliva virgen extra

3 dientes de ajo, picados

1 cebolla roja mediana, cortada en cubitos

3 zanahorias medianas (1/2 libra)

1 taza de lentejas marrones crudas

2 cucharadas de curry en polvo caliente

Lata de 15 oz de salsa de tomate*

Sal marina

1/2 manojo de cilantro fresco (opcional)

Coloca las lentejas en una bandeja para hornear.

Pon a hervir 3 tazas de agua en una cacerola.

Añade las lentejas.

Hervir y bajar el fuego a bajo.

Tape y cocine a fuego lento durante 20 minutos, o hasta que las lentejas estén tiernas.

Escurrir las lentejas.

Sofreír la cebolla, el ajo y las zanahorias en una sartén con aceite de oliva a fuego medio hasta que las cebollas estén transparentes.

Agregue curry en polvo y saltee por otro minuto.

Agregue las lentejas a la sartén junto con la salsa de tomate.

Remueve y cocina durante unos 5 minutos.

Sazone con más sal si es necesario.

Adorne con cilantro y sirva con arroz, naan, pita o pan crujiente.

Ensalada con col rizada y pesto de tomate

INGREDIENTES

6 tazas de col rizada, finamente picada

15 onzas frijoles blancos enlatados, enjuagados y escurridos

1 taza de quorn* cocido, picado

1 taza de tomates uva, cortados por la mitad

1/2 taza de pesto

1 limón grande, cortado en gajos

Poner todos los ingredientes en un bol, menos el pesto y el limón.

Agregue el pesto y revuelva hasta que todo esté cubierto.

Decorar con limón

Sopa De Frijoles Blancos Cocida Lentamente

INGREDIENTES

2 cucharadas de aceite de oliva virgen extra

6 dientes de ajo, picados

1 cebolla roja mediana, cortada en cubitos

1/2 libra de zanahorias, en rodajas finas

4 tallos de apio (1/2 manojo), picados

1 libra de frijoles blancos secos, sin huesos, enjuagados y escurridos

1 hoja de laurel entera

1 cucharadita de romero seco

1/2 cucharadita de tomillo seco

1/2 cucharadita de pimentón español

Pimienta recién molida (15-20 heces de un molinillo de pimienta)

1 1/2 cucharadita de sal o más al gusto

Coloque el aceite de oliva, el ajo, la cebolla, el apio y las zanahorias en la olla de cocción lenta.

Agregue los frijoles, la hoja de laurel, el romero, el tomillo, el pimentón y un poco de pimienta recién molida a la olla de cocción lenta.

Agregue 6 tazas de agua a la olla de cocción lenta y combine los ingredientes.

Tape y cocine a fuego lento durante 8 horas o a fuego alto durante 4 1/2 horas.

Cuando la sopa esté cocida, revuelva la sopa y triture los frijoles.

Sazone con más sal marina si es necesario.

Envoltura de tofu vegano

ingredientes

½ repollo rojo, rallado

4 cucharadas colmadas de yogur natural

3 cucharadas de salsa de menta

3 paquetes de 200 g de tofu, cortado en 15 cubos cada uno

2 cucharadas de pasta de curry tandoori

2 cucharadas de aceite de oliva

2 cebollas rojas, picadas

2 dientes de ajo grandes, en rodajas

8 chapatis

2 limas, cortadas en cuartos

Mezclar la col, el yogur natural y la salsa de menta en un bol.

Sazone con sal y pimienta y reserve.

Combine el tofu, la pasta tandoori y 1 cucharada de aceite.

Caliente el aceite en una sartén y fría el tofu en tandas hasta que esté dorado.

Retire el tofu de la sartén.

Agregue el aceite restante, sofría la cebolla y el ajo y cocine por 9 minutos.

Regresar el tofu a la sartén.

Agregue más sal.

Recolectar

Caliente los chapatis según las instrucciones del paquete.

Cubra cada uno con repollo, tofu y un chorrito de jugo de lima.

Tazón De Burrito Vegano Con Chipotle

ingredientes

125 g de arroz basmati

1 cucharada de aceite de oliva virgen extra

3 dientes de ajo, picados

400 g de frijoles negros enlatados, escurridos y enjuagados

1 cucharada de vinagre de sidra

1 cucharadita de miel

1 cucharada de pasta de chipotle

100 g de col picada

1 aguacate cortado a la mitad y en rodajas

1 tomate mediano en rodajas

1 cebolla amarilla pequeña, picada

Servir (opcional)

salsa picante de chipotle

hojas de cilantro

rodajas de limón

Cocine el arroz según las instrucciones del paquete y manténgalo caliente.

Caliente el aceite en una sartén, agregue el ajo y revuelva hasta que esté dorado.

Agrega los frijoles, el vinagre, la miel y el chipotle.

Sazonar con sal marina

Hervir 2 minutos.

Cocina la col rizada durante un mínimo y escurre el exceso de humedad.

Extienda el arroz de manera uniforme. bochas.

Cubra con frijoles, col rizada, aguacate, tomate y cebolla.

Espolvorea con salsa picante, cilantro y gajos de lima.

Chili vegano simple de frijoles negros

ingredientes

2 cucharadas de aceite de oliva virgen extra

6 dientes de ajo, finamente picados

2 cebollas rojas grandes, picadas

3 cucharadas de pimienta de Jamaica dulce o chile en polvo suave

3 cucharadas de comino molido

Sal marina, al gusto

3 cucharadas de vinagre de sidra

2 cucharadas de miel

2 latas (14 oz.) de tomates picados

2 latas (14 oz.) de frijoles negros, enjuagados y escurridos

Para decorar: queso vegano desmenuzado, cebolletas picadas, rábano en rodajas, trozos de aguacate, crema agria

Calienta el aceite de oliva y fríe el ajo y la cebolla hasta que estén tiernos.

Agregue la pimienta de Jamaica y el comino, cocine por 3 minutos,

Agregue el vinagre, la miel, los tomates y la sal marina.

Cocine por otros 10 minutos.

Agregue los frijoles y cocine por otros 10 minutos.

Servir con arroz y espolvorear con los ingredientes para la guarnición.

Salteado Indio De Lentejas Rojas Y Tomate

ingredientes

200 g de lentejas rojas, enjuagadas

2 cucharadas de aceite de oliva si eres vegano

1 cebolla roja pequeña, finamente picada

4 dientes de ajo, finamente picados

pizca de cúrcuma

½ cucharadita de garam masala

cilantro, para servir

1 tomate pequeño, picado

Hervir las lentejas en 1 litro de agua y una pizca de sal. Llevar a ebullición durante 25 minutos, quitar las burbujas de la parte superior.

Tape y cocine por 40 minutos, más hasta que espese.

Calentar el aceite en una sartén a fuego medio.

Sofreír la cebolla y el ajo hasta que la cebolla se ablande.

Agregue la cúrcuma y el garam masala y cocine por otro minuto.

Coloca las lentejas en un tazón y decora con la mitad de la mezcla de cebolla.

Adorne con cilantro y tomate.

Ensalada levantina de garbanzos y guisantes

ingredientes

½ taza de aceite de oliva virgen extra

1 cucharada de garam masala

2 latas (14 oz.) de garbanzos, escurridos y enjuagados

Bolsa de grano mixto preparada de ½ libra

½ libra de guisantes congelados

2 limones, rallados y exprimidos

1 paquete grande de perejil, hojas picadas en trozos grandes

1 hojas grandes de menta, picadas en trozos grandes

Media libra de rábanos, picados en trozos grandes

1 pepino, en trozos

semillas de granada, para servir

Precaliente su horno a 392 grados F.

Agregue una taza de aceite con el garam masala y agregue un poco de sal.

Combine esto con los garbanzos en una cacerola grande y cocine por 15 minutos. o hasta que estén crujientes.

Agregue los granos mixtos, los guisantes y la ralladura de limón.

Remueve y vuelve a introducir en el horno durante unos 10 minutos.

Mezclar con las hierbas, el rábano, el pepino, el aceite restante y el jugo de limón.

Sazone con más sal y decore con las semillas de granada.

Sopa De Zanahoria Y Cardamomo

ingredientes

1 cebolla roja grande, finamente picada

4 dientes de ajo gruesos, machacados

1 zanahoria grande, finamente picada

trozo de jengibre del tamaño de un pulgar, pelado y picado finamente

2 cucharadas de aceite de oliva

pizca de cúrcuma

Semillas de 10 vainas de cardamomo

1 cucharadita de comino, semillas o molido

¼ de libra de lentejas rojas

1 taza de leche de coco ligera

ralladura y jugo de 1 limón

pizca de hojuelas de chile

puñado de perejil picado

Calienta un poco de aceite en una sartén y fríe la cebolla, el ajo, la zanahoria y el jengibre hasta que estén tiernos.

Agregue la cúrcuma, el cardamomo y el comino.

Cocine por unos minutos más hasta que las especias se vuelvan aromáticas.

Agregue las lentejas, la leche de coco, 1 taza de agua.

Cocine y cocine a fuego lento durante 15 minutos hasta que las lentejas estén blandas.

Procese con una licuadora de inmersión, presionando la sopa hasta que quede gruesa.

Decorar con ralladura de limón y jugo.

Sazone con sal, chile y especias.

Divida entre tazones y espolvoree con más ralladura de limón.

Pilaf de coliflor y arroz basmati

ingredientes

1 cucharada de aceite de oliva

2 cebollas rojas grandes, picadas

1 cucharada de pasta de curry de tu elección

½ libra de arroz basmati

¾ de libra de floretes de coliflor

1 libra de garbanzos, enjuagados y escurridos

2 tazas de caldo de verduras

1/8 taza de almendras tostadas en hojuelas

puñado de cilantro picado

Calienta el aceite en una sartén y fríe las cebollas a fuego medio durante 5 minutos hasta que empiecen a dorarse.

Agregue la pasta de curry y cocine por 1 minuto.

Agregue el arroz, la coliflor y los garbanzos.

Combine todo esto para cubrir.

Agregue el caldo y revuelva bien.

Tape y cocine a fuego lento durante 12 ½ minutos o hasta que el arroz y la coliflor estén tiernos y todo el líquido se haya reducido.

Agrega las almendras y el cilantro.

Receta vegana de impresión de ensalada de col

INGREDIENTES

¼ de repollo grande (375 gramos), desmenuzado con un cuchillo o mandolina

1 zanahoria grande, pelada y cortada en juliana

½ cebolla blanca mediana, en rodajas finas

Ingredientes del aderezo

3 cucharadas de aquafaba (líquido de cocción de garbanzos)

½ taza de aceite de canola

1 cucharada de vinagre de sidra de manzana

2 cucharadas de jugo de limón

2 cucharadas de miel

½ cucharadita de sal marina, o más al gusto

Combine las verduras en un tazón.

Agregue el aquafaba a una licuadora y rocíe lentamente con el aceite.

Agregue el resto de los ingredientes del aderezo y mezcle.

Vierta este aderezo sobre las verduras y revuelva para combinar.

Pruebe y agregue sal.

Pasta de Crema de Aguacate

ingredientes

2 aguacates, sin hueso y cortados en cubitos

3 dientes de ajo, picados

Jugo de 1/2 limón

1/4 taza de leche de almendras sin azúcar

1/4 taza de agua

Sal marina, al gusto

Hojuelas de pimiento rojo, al gusto

4 tomates cherry partidos por la mitad para decorar (opcional)

2 tazas de pasta cocida

Mezcla los aguacates, el ajo y el jugo de limón en una licuadora.

Agregue lentamente la leche de almendras y el agua a la mezcla.

Agregue sal marina y hojuelas de pimiento rojo.

Mezcle con su pasta cocida.

Ensalada Vegana De Quorn

16 onzas. quorn, cocinado

2 cucharaditas jugo de limon fresco

1 tallo de apio, cortado en cubitos

1/3 taza de cebollas verdes picadas

1 taza de mayonesa vegana

1 cucharadita Mostaza inglesa

Sal marina y pimienta al gusto

Mezcle bien el jugo de limón quorn, el apio y las cebollas.

Agrega la mayonesa vegana y la mostaza a esta mezcla.

Sazone con sal y pimienta.

Enfriar y servir.

macarrones con queso vegano

ingredientes

3 1/2 tazas de macarrones con codo

1/2 taza de margarina vegana

1/2 taza de harina

3 1/2 tazas de agua hirviendo

1-2 cucharaditas sal marina

2 cucharadas. salsa de soja

1 1/2 cucharadita polvo de ajo

pizca de cúrcuma

1/4 taza de aceite de oliva

1 taza de copos de levadura nutricional

Pimentón español, al gusto

Precalienta tu horno a 350°F.

Cocine los macarrones de codo según las instrucciones del paquete.

Escurrir los fideos.

Calienta la margarina vegana en una sartén a fuego lento hasta que se haya derretido.

Añadir y batir la harina.

Continúe batiendo y aumente a fuego medio hasta que quede suave y burbujeante.

Agregue el agua hirviendo, la sal, la salsa de soya, el ajo en polvo y la cúrcuma y mezcle.

Sigue batiendo hasta que se disuelva.

Cuando esté espeso y burbujeante, mezcle el aceite y las hojuelas de levadura.

Mezclar 3/4 de la salsa con los fideos y colocar en una fuente para horno.

Vierta el resto de la salsa y sazone con el pimentón.

Hornee por 15 minutos.

Tuéstalos crujientes durante unos minutos.

Sopa de fideos mexicana con cabello de ángel

5 tomates grandes, cortados en cubos grandes

1 cebolla roja mediana, cortada en cubos grandes

3 dientes de ajo

2 cucharadas. aceite de oliva

16 onzas. pasta cabello de ángel, partida en trozos de 1 pulgada

32 onzas caldo de verduras

1/2 cucharadita sal marina

1/2 cucharada pimienta negra

2 cucharadas. orégano

2 cucharadas. comino

Hojuelas de chile, chiles serranos picados o jalapeños en cubitos, al gusto (opcional)

Cilantro, crema agria de soja y aguacate en rodajas, para decorar (opcional)

Haga puré los tomates, la cebolla roja, el ajo y el aceite.

Transfiera a una y cocine a fuego medio.

Agregue los fideos, el caldo, la sal, la pimienta, el orégano y el comino.

Agrega las hojuelas de chile, los chiles serranos.

Cocine por 13 ½ minutos y cocine a fuego lento hasta que los fideos estén tiernos.

Adorne con cilantro, crema de soya o aguacate.

pizza vegana

ingredientes

1 pieza de naan vegano (pan plano indio)

2 cucharadas. salsa de tomate

1/4 taza de mozzarella vegana rallada (marca Daiya)

1/4 taza de champiñones frescos picados

3 rodajas finas de tomate

2 albóndigas veganas Quorn, descongeladas (si están congeladas) y cortadas en trozos pequeños

1 cucharadita queso parmesano vegano

Una pizca de albahaca seca

Una pizca de orégano seco

½ cucharadita sal marina

Precaliente su horno a 350ºF.

Coloque el naan en una bandeja para hornear.

Extienda la salsa de manera uniforme sobre la parte superior y espolvoree con la mitad de las chispas de mozzarella veganas.

Agregue los champiñones, las rodajas de tomate y las albóndigas veganas.

Cubra con el resto de los chips de mozzarella veganos.

Sazone ligeramente con el queso parmesano vegano, la albahaca y el orégano.

Hornee por 25 minutos.

Ensalada de cítricos de fresa y col rizada

ingredientes

1 manojo de col rizada, rallada y cortada en trozos pequeños

1 libra de fresas, en rodajas

1/4 taza de almendras rebanadas

Ingredientes del aderezo

Jugo de 1 limón

3 cucharadas aceite de oliva virgen extra

1 cucharada. Miel

1/8 cucharadita sal marina

1/8 cucharadita pimienta blanca

3-4 cucharadas zumo de naranja

Mezclar la col rizada, las fresas y las almendras en un bol.

Combine todos los ingredientes del aderezo y vierta sobre la ensalada.

Rinde de 3 a 4 porciones

salteado de tofu

1 paquete de tofu firme, escurrido y triturado

Jugo de 1/2 limón

1/2 cucharadita salado

1/2 cucharadita cúrcuma

1 cucharada. aceite de oliva virgen extra

1/4 taza de pimiento verde cortado en cubitos

1/4 taza de cebolla roja picada

3 dientes de ajo, picados

1 cucharada. perejil de hoja plana picado

1 cucharada. tocino vegano (opcional)

Pimienta, al gusto (opcional)

En un tazón, mezcle bien el tofu desmenuzado, el jugo de limón, la sal y la cúrcuma.

Caliente el aceite a fuego medio y agregue el pimiento, la cebolla y el ajo.

Saltee durante 2 1/2 minutos, o hasta que estén tiernos.

Agregue la mezcla de tofu y cocine por 15 minutos.

Adorne con el perejil, los trozos de tocino de soya y pimienta.

Salteado De Espinacas

1 paquete de espinacas firmes, enjuagadas y escurridas

Jugo de 1/2 limón

1/2 cucharadita salado

1/2 cucharadita cúrcuma

1 cucharada. aceite de oliva virgen extra

1/4 taza de pimiento verde cortado en cubitos

1/4 taza de cebolla roja picada

3 dientes de ajo, picados

1 cucharada. perejil de hoja plana picado

1 cucharada. tocino vegano (opcional)

Pimienta, al gusto (opcional)

En un tazón, mezcle bien las espinacas, el jugo de limón, la sal y la cúrcuma.

Caliente el aceite a fuego medio y agregue el pimiento, la cebolla y el ajo.

Saltee durante 2 1/2 minutos, o hasta que estén tiernos.

Agregue la mezcla de tofu y cocine por 15 minutos.

Adorne con el perejil, los trozos de tocino de soya y pimienta.

Salteado De Berros

1 paquete de berros firmes, enjuagados y escurridos

Jugo de 1/2 limón

1/2 cucharadita salado

1/2 cucharadita cúrcuma

1 cucharada. aceite de oliva virgen extra

1/4 taza de pimiento verde cortado en cubitos

1/4 taza de cebolla roja picada

3 dientes de ajo, picados

1 cucharada. perejil de hoja plana picado

1 cucharada. tocino vegano (opcional)

Pimienta, al gusto (opcional)

En un tazón, mezcle bien los berros, el jugo de limón, la sal y la cúrcuma.

Caliente el aceite a fuego medio y agregue el pimiento, la cebolla y el ajo.

Saltee durante 2 1/2 minutos, o hasta que estén tiernos.

Agregue la mezcla de tofu y cocine por 15 minutos.

Adorne con el perejil, los trozos de tocino de soya y pimienta.

Salteado de col rizada

1 paquete de col rizada firme, enjuagada y escurrida

Jugo de 1/2 limón

1/2 cucharadita salado

1/2 cucharadita cúrcuma

1 cucharada. aceite de oliva virgen extra

1/4 taza de pimiento verde cortado en cubitos

1/4 taza de cebolla roja picada

3 dientes de ajo, picados

1 cucharada. perejil de hoja plana picado

1 cucharada. tocino vegano (opcional)

Pimienta, al gusto (opcional)

En un tazón, mezcle bien la col rizada, el jugo de limón, la sal y la cúrcuma.

Caliente el aceite a fuego medio y agregue el pimiento, la cebolla y el ajo.

Saltee durante 2 1/2 minutos, o hasta que estén tiernos.

Agregue la mezcla de tofu y cocine por 15 minutos.

Adorne con el perejil, los trozos de tocino de soya y pimienta.

Salteado de Bok Choy

1 manojo de bok choy, enjuagado y escurrido

1/2 cucharadita salado

1/2 cucharadita cúrcuma

1 cucharada. aceite de oliva virgen extra

1/4 taza de pimiento verde cortado en cubitos

1/4 taza de cebolla roja picada

3 dientes de ajo, picados

1 cucharada. perejil de hoja plana picado

1 cucharada. tocino vegano (opcional)

Pimienta, al gusto (opcional)

En un tazón, mezcle bien el bok choy y la sal.

Caliente el aceite a fuego medio y agregue el pimiento, la cebolla y el ajo.

Saltee durante 2 1/2 minutos, o hasta que estén tiernos.

Agregue la mezcla de tofu y cocine por 15 minutos.

Adorne con el perejil, los trozos de tocino de soya y pimienta.

Salteado de Choy Sum

1 manojo de choy sum, enjuagado y escurrido

1/2 cucharadita de sal marina

1 cucharada. aceite de sésamo

1/4 taza de pimiento verde cortado en cubitos

1/4 taza de cebolla roja picada

3 dientes de ajo, picados

1 cucharada. perejil de hoja plana picado

1 cucharada. tocino vegano (opcional)

Pimienta, al gusto (opcional)

Mezcle el choy sum y la sal en un tazón.

Caliente el aceite a fuego medio y agregue el pimiento, la cebolla y el ajo.

Saltee durante 2 1/2 minutos, o hasta que estén tiernos.

Agregue la mezcla de tofu y cocine por 15 minutos.

Adorne con el perejil, los trozos de tocino de soya y pimienta.

salteado de brócoli

20 piezas. brócoli, enjuagado, enjuagado y escurrido

Jugo de 1/2 limón

1/2 cucharadita salado

1/2 cucharadita cúrcuma

1 cucharada. aceite de oliva virgen extra

1/4 taza de pimiento verde cortado en cubitos

1/4 taza de cebolla roja picada

3 dientes de ajo, picados

1 cucharada. perejil de hoja plana picado

1 cucharada. tocino vegano (opcional)

Pimienta, al gusto (opcional)

En un tazón, mezcle bien el brócoli, el jugo de limón, la sal y la cúrcuma.

Caliente el aceite a fuego medio y agregue el pimiento, la cebolla y el ajo.

Saltee durante 2 1/2 minutos, o hasta que estén tiernos.

Agregue la mezcla de tofu y cocine por 15 minutos.

Adorne con el perejil, los trozos de tocino de soya y pimienta.

Pizza vegana con masa rellena

ingredientes

1 caja de masa para pizza (o hazla tú mismo)

1 bloque de mozzarella vegana sin lácteos, cortada en tiras

1/3 taza de salsa de pizza vegana

1 tomate mediano, en rodajas finas

3 hojas de albahaca fresca, picadas en trozos grandes y bañadas en aceite de oliva

1 cucharada. aceite de oliva virgen extra

Precaliente su horno a 450 grados.

Estire la masa de pizza al grosor deseado y colóquela en una bandeja para hornear ligeramente engrasada y enharinada.

Coloque la mozzarella vegana alrededor de los bordes de la pizza y enrolle los bordes de la masa sobre cada tira, presionando hacia abajo para crear una bolsa de queso.

Triture la mozzarella sin lácteos restante.

Divida la salsa de pizza sobre la masa y espolvoree con el queso vegano rallado.

Decorar con rodajas de tomate y hojas de albahaca.

Hornee durante 20 minutos, o hasta que la corteza esté bien dorada.

Salsa Alfredo Vegana

1/4 taza de margarina vegana

3 dientes de ajo, picados

2 tazas de frijoles blancos cocidos, enjuagados y escurridos

1 1/2 tazas de leche de almendras sin azúcar

Sal marina y pimienta al gusto

perejil (opcional)

Derretir la margarina vegana a fuego lento.

Agrega el ajo y cocina por 2 ½ minutos.

Transfiera a un procesador de alimentos, agregue los frijoles y 1 taza de leche de almendras.

Mezclar hasta obtener una sustancia suave.

Vierta la salsa en la sartén a fuego lento y sazone con sal y pimienta.

Agrega el perejil.

Cocine hasta que esté caliente.

Sándwich de ensalada de aguacate

1 15 oz. lata de garbanzos, enjuagados, escurridos y sin piel

1 aguacate grande y maduro

1/4 taza de cilantro fresco picado

2 cucharadas. cebollas verdes picadas

Zumo de 1 lima

Sal marina y pimienta al gusto

Pan de tu preferencia

Ensalada

Tomate

Triture los garbanzos y el aguacate con un tenedor.

Agregue el cilantro, las cebollas verdes y el jugo de limón y revuelva

Condimentar con sal y pimienta.

Unta sobre tu pan favorito y decora con lechuga y tomate

Fajitas Veganas

ingredientes

1 lata de Frijoles Refritos (15oz)

1 lata de frijoles pintos (15 oz), escurridos y enjuagados

1/4 taza de salsa

1 cebolla morada cortada en tiras

1 pimiento verde cortado en tiras

2 cucharadas de jugo de lima

2 cucharaditas de mezcla de condimentos para fajitas (ver más abajo)

Tortillas

Mezcla de condimentos para fajitas

1 cucharada. Maicena

2 cucharaditas de chile en polvo

1 cucharadita de pimentón español

1 cucharadita de miel

1/2 cucharadita de sal marina

1/2 cucharadita de cebolla en polvo

1/2 cucharadita de ajo en polvo

1/2 cucharadita de comino molido

1/8 cucharadita de pimienta de cayena

Cocine a fuego lento la salsa y los frijoles hasta que estén calientes.

Agregue el condimento de fajita y mezcle (deje 2 cucharaditas) mezcle los ingredientes en un tazón pequeño.

Fruta la cebolla, el pimiento y 2 cucharaditas de mezcla de especias en agua y jugo de lima

Continúe hasta que el líquido se evapore y las verduras comiencen a dorarse.

Coloca los frijoles en el centro de la tortilla.

Cubra con las verduras salteadas y los aderezos.

Enróllalo y sirve.

Ensalada De Lechuga Butterhead Y Tomate

Ingredientes:

8 onzas de queso vegano

6 tazas de lechuga mantecosa, 3 manojos, recortados

1/4 de pepino europeo o sin semillas, cortado por la mitad a lo largo y luego en rodajas finas

3 cucharadas de cebollín picado o picado

16 tomates cherry

1/2 taza de nueces en rodajas

1/4 cebolla blanca picada

2 a 3 cucharadas de hojas de estragón picadas

Sal y pimienta para probar

Vendaje

1 chalote pequeño, finamente picado

1 cucharada de vinagre blanco destilado

1/4 de limón, exprimido, aproximadamente 2 cucharaditas

1/4 taza de aceite de oliva virgen extra

Preparación

Combine todos los ingredientes del aderezo en un procesador de alimentos.

Mezcle con el resto de los ingredientes y mezcle bien.

Ensalada frisee y almendras

Ingredientes:

8 onzas de queso vegano

6 a 7 tazas de lechuga Frisee, 3 manojos, recortados

1/4 de pepino europeo o sin semillas, cortado por la mitad a lo largo y luego en rodajas finas

3 cucharadas de cebollín picado o picado

16 tomates cherry

1/2 taza de almendras rebanadas

1/4 cebolla blanca picada

2 a 3 cucharadas de hojas de estragón picadas

Sal y pimienta para probar

Vendaje

1 chalote pequeño, finamente picado

1 cucharada de vinagre blanco destilado

1/4 de limón, exprimido, aproximadamente 2 cucharaditas

1/4 taza de aceite de oliva virgen extra

Preparación

Combine todos los ingredientes del aderezo en un procesador de alimentos.

Mezcle con el resto de los ingredientes y mezcle bien.

Ensalada De Lechuga Romana Y Anacardos

Ingredientes:

8 onzas de queso vegano

6 a 7 tazas de lechuga romana, 3 manojos, recortados

1/4 de pepino europeo o sin semillas, cortado por la mitad a lo largo y luego en rodajas finas

3 cucharadas de cebollín picado o picado

16 tomates cherry

1/2 taza de anacardos picados

1/4 cebolla blanca picada

2 a 3 cucharadas de hojas de romero picadas

Sal y pimienta para probar

Vendaje

1 chalote pequeño, finamente picado

1 cucharada de vinagre blanco destilado

1/4 de limón, exprimido, aproximadamente 2 cucharaditas

1/4 taza de aceite de oliva virgen extra

Preparación

Combine todos los ingredientes del aderezo en un procesador de alimentos.

Mezcle con el resto de los ingredientes y mezcle bien.

Ensalada de lechuga iceberg y cacahuetes

Ingredientes:

6 a 7 tazas de lechuga iceberg, 3 manojos, cortados

1/4 de pepino sin hueso, cortado por la mitad a lo largo, luego en rodajas finas

3 cucharadas de cebollín picado o picado

16 tomates pequeños

1/2 taza de maní

1/4 cebolla vidalla, en rodajas

2 a 3 cucharadas de hojas de tomillo picadas

Sal y pimienta para probar

8 onzas de queso vegano

Vendaje

1 chalote pequeño, finamente picado

1 cucharada de vinagre blanco destilado

1/4 de limón, exprimido, aproximadamente 2 cucharaditas

1/4 taza de aceite de oliva virgen extra

½ cucharadita Mostaza inglesa

Preparación

Combine todos los ingredientes del aderezo en un procesador de alimentos.

Mezcle con el resto de los ingredientes y mezcle bien.

Ensalada frisee y nueces

Ingredientes:
7 tazas de lechuga Frisee, 3 manojos, recortados

1/4 de pepino, cortado por la mitad a lo largo y luego en rodajas finas

3 cucharadas de cebollín picado o picado

16 tomates cherry

1/2 taza de nueces picadas

1/4 cebolla blanca picada

2 a 3 cucharadas de hojas de estragón picadas

Sal y pimienta para probar

8 onzas de queso vegano

Vendaje
1 cebolla verde pequeña, finamente picada

1 cucharada de vinagre blanco destilado

1/4 de limón, exprimido, aproximadamente 2 cucharaditas

1/4 taza de aceite de oliva virgen extra

Preparación
Combine todos los ingredientes del aderezo en un procesador de alimentos.

Mezcle con el resto de los ingredientes y mezcle bien.

Ensalada De Lechuga Butterhead Y Nueces

Ingredientes:

6 a 7 tazas de lechuga mantecosa, 3 manojos, recortados

1/4 de pepino europeo o sin semillas, cortado por la mitad a lo largo y luego en rodajas finas

3 cucharadas de cebollín picado o picado

16 tomates cherry

1/2 taza de nueces en rodajas

1/4 cebolla roja, picada

2 a 3 cucharadas de hojas de estragón picadas

Sal y pimienta para probar

8 onzas de queso vegano

Vendaje

1 chalote pequeño, finamente picado

1 cucharada de vinagre blanco destilado

1/4 de limón, exprimido, aproximadamente 2 cucharaditas

1/4 taza de aceite de oliva virgen extra

1 cucharada. mayonesa sin huevo

Preparación

Combine todos los ingredientes del aderezo en un procesador de alimentos.

Mezcle con el resto de los ingredientes y mezcle bien.

Ensalada De Lechuga Romana, Tomate Cherry Y Almendras

Ingredientes:

6 a 7 tazas de lechuga romana, 3 manojos, recortados

1/4 de pepino europeo o sin semillas, cortado por la mitad a lo largo y luego en rodajas finas

3 cucharadas de cebollín picado o picado

16 tomates cherry

1/2 taza de almendras rebanadas

1/4 cebolla blanca picada

2 cucharaditas hierbas provenzales

Sal y pimienta para probar

6 onzas de queso vegano

Vendaje

1 chalote pequeño, finamente picado

1 cucharada de vinagre blanco destilado

1/4 de limón, exprimido, aproximadamente 2 cucharaditas

1/4 taza de aceite de oliva virgen extra

Preparación

Combine todos los ingredientes del aderezo en un procesador de alimentos.

Mezcle con el resto de los ingredientes y mezcle bien.

Ensalada Bibb De Lechugas, Tomate Y Nueces

Ingredientes:

7 tazas de lechuga Bibb, 3 manojos, recortados

1/4 de pepino europeo o sin semillas, cortado por la mitad a lo largo y luego en rodajas finas

3 cucharadas de cebollín picado o picado

16 tomates cherry

1/2 taza de nueces en rodajas

1/4 cebolla blanca picada

2 a 3 cucharadas de hojas de estragón picadas

Sal y pimienta para probar

8 onzas de queso vegano

Vendaje

1 chalote pequeño, finamente picado

1 cucharada de vinagre blanco destilado

1/4 de limón, exprimido, aproximadamente 2 cucharaditas

1/4 taza de aceite de oliva virgen extra

mayonesa sin huevo

Preparación

Combine todos los ingredientes del aderezo en un procesador de alimentos.

Mezcle con el resto de los ingredientes y mezcle bien.

Ensalada De Almendras, Tomate Y Lechuga De Boston

Ingredientes:

6 tazas de lechuga Boston, 3 manojos, recortados

1/4 de pepino europeo o sin semillas, cortado por la mitad a lo largo y luego en rodajas finas

3 cucharadas de cebollín picado o picado

16 tomates cherry

1/2 taza de almendras rebanadas

1/4 cebolla roja, picada

2 a 3 cucharadas de hojas de estragón picadas

Sal y pimienta para probar

8 onzas de queso vegano

Vendaje

1 chalote pequeño, finamente picado

1 cucharada de vinagre blanco destilado

1/4 de limón, exprimido, aproximadamente 2 cucharaditas

1/4 taza de aceite de oliva virgen extra

1 cucharadita mostaza de Dijon

Preparación

Combine todos los ingredientes del aderezo en un procesador de alimentos.

Mezcle con el resto de los ingredientes y mezcle bien.

Ensalada de lechugas de tallo, pepino y almendras

Ingredientes:

6 a 7 tazas de tallos de lechuga, 3 manojos, recortados

1/4 de pepino, cortado por la mitad a lo largo y luego en rodajas finas

3 cucharadas de cebollín picado o picado

2 mangos, cortados en cubitos

1/2 taza de almendras rebanadas

1/4 cebolla blanca picada

2 a 3 cucharadas de hojas de estragón picadas

Sal y pimienta para probar

8 onzas de queso vegano

Vendaje

1 chalote pequeño, finamente picado

1 cucharada de vinagre blanco destilado

1/4 de lima, exprimida, aproximadamente 2 cucharaditas

1/4 taza de aceite de oliva virgen extra

1 cucharada. Miel

1 cucharadita Mostaza inglesa

Preparación

Combine todos los ingredientes del aderezo en un procesador de alimentos.

Mezcle con el resto de los ingredientes y mezcle bien.

Ensalada de lechuga, tomates cherry y nuez de macadamia

Ingredientes:

7 tazas de tallo de lechuga, 3 manojos, recortados

1/4 de pepino europeo o sin semillas, cortado por la mitad a lo largo y luego en rodajas finas

3 cucharadas de cebollín picado o picado

16 tomates cherry

1/2 taza de nueces de macadamia

1/4 cebolla roja, picada

2 a 3 cucharadas de tomillo fresco

Sal y pimienta para probar

8 onzas de queso vegano

Vendaje

1 chalote pequeño, finamente picado

1 cucharada de vinagre blanco destilado

1/4 de limón, exprimido, aproximadamente 2 cucharaditas

1/4 taza de aceite de oliva virgen extra

1 cucharada. Miel

1 cucharadita mostaza de Dijon

Preparación

Combine todos los ingredientes del aderezo en un procesador de alimentos.

Mezcle con el resto de los ingredientes y mezcle bien.

Ensalada De Lechuga Butterhead, Tomate Cherry Y Anacardos

Ingredientes:

7 tazas de lechuga, 3 manojos, recortados

1/4 de pepino europeo o sin semillas, cortado por la mitad a lo largo y luego en rodajas finas

3 cucharadas de cebollín picado o picado

15 tomates cherry

1/2 taza de anacardos

1/4 cebolla blanca picada

2 a 3 cucharadas de hojas de estragón picadas

Sal y pimienta para probar

8 onzas de queso vegano

Vendaje

1 chalote pequeño, finamente picado

1 cucharada de vinagre blanco destilado

1/4 de limón, exprimido, aproximadamente 2 cucharaditas

1/4 taza de aceite de oliva virgen extra

Preparación

Combine todos los ingredientes del aderezo en un procesador de alimentos.

Mezcle con el resto de los ingredientes y mezcle bien.

Ensalada De Lechuga Romana, Tomate Cherry Y Nueces De Macadamia

Ingredientes:

6 ½ tazas de lechuga romana, 3 manojos, recortados

1/4 de pepino europeo o sin semillas, cortado por la mitad a lo largo y luego en rodajas finas

3 cucharadas de cebollín picado o picado

16 tomates cherry

1/2 taza de nueces de macadamia

1/4 cebolla blanca picada

2 a 3 cucharadas de hojas de estragón picadas

Sal y pimienta para probar

8 onzas de queso vegano

Vendaje

1 chalote pequeño, finamente picado

1 cucharada de vinagre blanco destilado

1/4 de limón, exprimido, aproximadamente 2 cucharaditas

1/4 taza de aceite de oliva virgen extra

Preparación

Combine todos los ingredientes del aderezo en un procesador de alimentos.

Mezcle con el resto de los ingredientes y mezcle bien.

Ensalada De Lechuga Iceberg, Manzanas Y Nueces

Ingredientes:

8 onzas de queso vegano

6 a 7 tazas de lechuga iceberg, 3 manojos, cortados

1/4 de pepino europeo o sin semillas, cortado por la mitad a lo largo y luego en rodajas finas

3 cucharadas de cebollín picado o picado

2 manzanas, sin corazón y cortadas en cubos de 2 pulgadas

1/2 taza de nueces en rodajas

1/4 cebolla blanca picada

2 a 3 cucharadas de hojas de estragón picadas

Sal y pimienta para probar

Vendaje

1 chalote pequeño, finamente picado

2 cucharadas de vinagre blanco destilado

1/4 taza de aceite de sésamo

1 cucharadita de miel

½ cucharadita mayonesa sin huevo

Preparación

Combine todos los ingredientes del aderezo en un procesador de alimentos.

Mezcle con el resto de los ingredientes y mezcle bien.

Ensalada De Lechugas, Tomate Y Almendras

Ingredientes:

8 onzas de queso vegano

7 tazas de lechuga de hojas sueltas, 3 manojos, cortados

1/4 de pepino europeo o sin semillas, cortado por la mitad a lo largo y luego en rodajas finas

3 cucharadas de cebollín picado o picado

16 tomates cherry

1/2 taza de almendras rebanadas

1/4 cebolla roja, picada

2 a 3 cucharadas de tomillo picado

Sal y pimienta para probar

Vendaje

1 chalote pequeño, finamente picado

1 cucharada de vinagre blanco destilado

1/4 de limón, exprimido, aproximadamente 2 cucharaditas

1/4 taza de aceite de oliva virgen extra

1 cucharada. mayonesa sin huevo

Preparación

Combine todos los ingredientes del aderezo en un procesador de alimentos.

Mezcle con el resto de los ingredientes y mezcle bien.

Ensalada de cerezas frisee y nuez de macadamia

Ingredientes:

6 a 7 tazas de lechuga Frisee, 3 manojos, recortados

1/4 de pepino europeo o sin semillas, cortado por la mitad a lo largo y luego en rodajas finas

3 cucharadas de cebollín picado o picado

16 cerezas, sin hueso

1/2 taza de nueces de macadamia

1/4 cebolla roja, picada

2 a 3 cucharadas de hojas de estragón picadas

Sal marina y pimienta al gusto

8 onzas de queso vegano

Vendaje

1 cucharada. cebollino, cortado

1 cucharada de vinagre blanco destilado

1/4 de limón, exprimido, aproximadamente 2 cucharaditas

1/4 taza de aceite de oliva virgen extra

1 cucharada. Miel

Preparación

Combine todos los ingredientes del aderezo en un procesador de alimentos.

Mezcle con el resto de los ingredientes y mezcle bien.

Ensalada De Lechuga Romana, Uvas Y Nueces

Ingredientes:

7 lechugas romanas sueltas, 3 manojos, recortados

1/4 de pepino, cortado por la mitad a lo largo y luego en rodajas finas

4 cucharadas de cebollín picado o picado

16 uvas

1/2 taza de nueces en rodajas

1/4 cebolla blanca picada

Sal y pimienta para probar

Vendaje

2 cucharadas de vinagre blanco destilado

1/4 taza de aceite de sésamo

1 cucharadita Salsa hoisin

Preparación

Combine todos los ingredientes del aderezo en un procesador de alimentos.

Mezcle con el resto de los ingredientes y mezcle bien.

Ensalada de lechuga, tomates cherry y albahaca tailandesa

Ingredientes:

6 a 7 tazas de lechuga mantecosa, 3 manojos, recortados

1/4 de pepino europeo o sin semillas, cortado por la mitad a lo largo y luego en rodajas finas

3 cucharadas de cebollín picado o picado

16 tomates cherry

1/2 taza de nueces

1/4 cebolla blanca picada

2 a 3 cucharadas de albahaca tailandesa picada

Sal y pimienta para probar

Vendaje

1 cebolleta pequeña, finamente picada

1 cucharada de vinagre blanco destilado

1/4 taza de aceite de sésamo

1 cucharada. oelek sambal

Preparación

Combine todos los ingredientes del aderezo en un procesador de alimentos.

Mezcle con el resto de los ingredientes y mezcle bien.

Ensalada de lechuga ahumada y estragón

Ingredientes:

8 onzas de queso vegano

6 a 7 tazas de lechuga de hojas sueltas, 3 manojos, cortados

1/4 de pepino europeo o sin semillas, cortado por la mitad a lo largo y luego en rodajas finas

3 cucharadas de cebollín picado o picado

16 tomates cherry

1/2 taza de almendras rebanadas

1/4 cebolla blanca picada

2 a 3 cucharadas de hojas de estragón picadas

Sal y pimienta para probar

Vendaje

1 cucharadita comino

1 cucharadita semillas de achiote

1/2 cucharadita pimienta de cayena

1 cucharada de vinagre blanco destilado

1/4 de lima, exprimida, aproximadamente 2 cucharaditas

1/4 taza de aceite de oliva virgen extra

Preparación

Combine todos los ingredientes del aderezo en un procesador de alimentos.

Mezcle con el resto de los ingredientes y mezcle bien.

Ensalada De Lechuga, Hojas De Menta Y Anacardos

Ingredientes:

6 a 7 tazas de lechuga de hojas sueltas, 3 manojos, cortados

1/4 de pepino europeo o sin semillas, cortado por la mitad a lo largo y luego en rodajas finas

3 cucharadas de cebollín picado o picado

16 uvas

1/2 taza de anacardos

1/4 cebolla roja, picada

2 a 3 cucharadas de hojas de menta picadas

Sal y pimienta para probar

8 onzas de queso vegano

Vendaje

1 chalote pequeño, finamente picado

1 cucharada de vinagre blanco destilado

1/4 de lima, exprimida, aproximadamente 2 cucharaditas

1/4 taza de aceite de oliva virgen extra

1 cucharadita Miel

Preparación

Combine todos los ingredientes del aderezo en un procesador de alimentos.

Mezcle con el resto de los ingredientes y mezcle bien.

Ensalada De Lechuga, Tomate Y Maní

Ingredientes:

6 a 7 tazas de lechuga romana, 3 manojos, recortados

1/4 de pepino europeo o sin semillas, cortado por la mitad a lo largo y luego en rodajas finas

3 cucharadas de cebollín picado o picado

16 tomates cherry

1/2 taza de maní picado

1/4 cebolla amarilla, picada

Sal y pimienta para probar

8 onzas de queso vegano

Vendaje

1 chalote pequeño, finamente picado

1 cucharada de vinagre blanco destilado

1/4 de limón, exprimido, aproximadamente 2 cucharaditas

1/4 taza de aceite de oliva virgen extra

Preparación

Combine todos los ingredientes del aderezo en un procesador de alimentos.

Mezcle con el resto de los ingredientes y mezcle bien.

Ensalada De Lechuga Butterhead, Naranja Y Almendras

Ingredientes:

6 a 7 tazas de lechuga, 3 manojos, cortados

1/4 de pepino, cortado por la mitad a lo largo y luego en rodajas finas

3 cucharadas de hojas de menta picadas o cortadas

8 rodajas de mandarina, peladas y partidas por la mitad

1/2 taza de almendras rebanadas

1/4 cebolla blanca picada

Sal y pimienta para probar

8 onzas de queso vegano

Vendaje

1 chalote pequeño, finamente picado

1 cucharada de vinagre blanco destilado

1/4 de lima, exprimida, aproximadamente 2 cucharaditas

1/4 taza de aceite de sésamo

1 cucharada. Miel

Preparación

Combine todos los ingredientes del aderezo en un procesador de alimentos.

Mezcle con el resto de los ingredientes y mezcle bien.

Ensalada Simple De Lechuga, Tomate Y Almendras

Ingredientes:

6 a 7 tazas de lechuga iceberg, 3 manojos, cortados

1/4 de pepino europeo o sin semillas, cortado por la mitad a lo largo y luego en rodajas finas

3 cucharadas de cebollín picado o picado

16 tomates cherry

1/2 taza de almendras rebanadas

1/4 cebolla roja, picada

2 ramitas de romero fresco

Sal y pimienta para probar

8 onzas de queso vegano

Vendaje

1 cebolleta pequeña, finamente picada

1 cucharada de vinagre blanco destilado

1/4 de limón, exprimido, aproximadamente 2 cucharaditas

1/4 taza de aceite de oliva virgen extra

1 mayonesa sin huevo

Preparación

Combine todos los ingredientes del aderezo en un procesador de alimentos.

Mezcle con el resto de los ingredientes y mezcle bien.

Ensalada De Lechuga Romana, Tomate Y Avellana

Ingredientes:

6 a 7 tazas de lechuga romana, 3 manojos, recortados

1/4 de pepino europeo o sin semillas, cortado por la mitad a lo largo y luego en rodajas finas

3 cucharadas de cebollín picado o picado

16 tomates cherry

1/2 taza de avellanas

10 uvas negras, sin semillas

2 a 3 cucharadas de hojas de estragón picadas

Sal y pimienta para probar

8 onzas de queso vegano

Vendaje

1 chalote pequeño, finamente picado

1 cucharada de vinagre blanco destilado

1/4 de limón, exprimido, aproximadamente 2 cucharaditas

1/4 taza de aceite de oliva virgen extra

1 cucharada. Miel

Preparación

Combine todos los ingredientes del aderezo en un procesador de alimentos.

Mezcle con el resto de los ingredientes y mezcle bien.

Ensalada De Lechuga Frisee, Cebolla Y Estragón

Ingredientes:

8 onzas de queso vegano

6 a 7 tazas de lechuga Frisee, 3 manojos, recortados

1/4 de pepino europeo o sin semillas, cortado por la mitad a lo largo y luego en rodajas finas

3 cucharadas de cebollín picado o picado

16 tomates cherry

1/2 taza de almendras rebanadas

1/4 cebolla blanca picada

2 a 3 cucharadas de hojas de estragón picadas

Sal y pimienta para probar

Vendaje

1 chalote pequeño, finamente picado

1 cucharada de vinagre blanco destilado

1/4 de limón, exprimido, aproximadamente 2 cucharaditas

1/4 taza de aceite de oliva virgen extra

Preparación

Combine todos los ingredientes del aderezo en un procesador de alimentos.

Mezcle con el resto de los ingredientes y mezcle bien.

Ensalada frisee de tomate, almendras y estragón

Ingredientes:

8 onzas de queso vegano

6 a 7 tazas de lechuga Frisee, 3 manojos, recortados

1/4 de pepino europeo o sin semillas, cortado por la mitad a lo largo y luego en rodajas finas

3 cucharadas de cebollín picado o picado

16 tomates cherry

1/2 taza de almendras rebanadas

1/4 cebolla blanca picada

2 a 3 cucharadas de hojas de estragón picadas

Sal y pimienta para probar

Vendaje

1 chalote pequeño, finamente picado

1 cucharada de vinagre blanco destilado

1/4 de limón, exprimido, aproximadamente 2 cucharaditas

1/4 taza de aceite de oliva virgen extra

Preparación

Combine todos los ingredientes del aderezo en un procesador de alimentos.

Mezcle con el resto de los ingredientes y mezcle bien.

Ensalada Frisee De Tomate Y Avellanas

Ingredientes:

8 onzas de queso vegano

6 a 7 tazas de lechuga Frisee, 3 manojos, recortados

1/4 de pepino europeo o sin semillas, cortado por la mitad a lo largo y luego en rodajas finas

3 cucharadas de cebollín picado o picado

16 tomates cherry

1/2 taza de avellanas en rodajas

1/4 cebolla blanca picada

2 a 3 cucharadas de hojas de estragón picadas

Sal y pimienta para probar

Vendaje

1 chalote pequeño, finamente picado

1 cucharada de vinagre blanco destilado

1/4 de limón, exprimido, aproximadamente 2 cucharaditas

1/4 taza de aceite de oliva virgen extra

Preparación

Combine todos los ingredientes del aderezo en un procesador de alimentos.

Mezcle con el resto de los ingredientes y mezcle bien.

Ensalada De Frisee Y Calabacín

Ingredientes:

8 onzas de queso vegano

6 a 7 tazas de lechuga Frisee, 3 manojos, recortados

1/4 calabacín, cortado por la mitad a lo largo, luego en rodajas finas

16 tomates cherry

1/2 taza de almendras rebanadas

1/4 cebolla blanca picada

2 a 3 cucharadas de hojas de estragón picadas

Sal y pimienta para probar

Vendaje

1 chalote pequeño, finamente picado

1 cucharada de vinagre blanco destilado

1/4 de limón, exprimido, aproximadamente 2 cucharaditas

1/4 taza de aceite de oliva virgen extra

Preparación

Combine todos los ingredientes del aderezo en un procesador de alimentos.

Mezcle con el resto de los ingredientes y mezcle bien.

Ensalada De Lechuga Romana Y Avellanas

Ingredientes:

8 onzas de queso vegano

6 a 7 tazas de lechuga romana, 3 manojos, recortados

1/4 de pepino europeo o sin semillas, cortado por la mitad a lo largo y luego en rodajas finas

3 cucharadas de cebollín picado o picado

16 tomates cherry

1/2 taza de avellanas en rodajas

1/4 cebolla blanca picada

2 a 3 cucharadas de hojas de estragón picadas

Sal y pimienta para probar

Vendaje

1 chalote pequeño, finamente picado

1 cucharada de vinagre blanco destilado

1/4 de limón, exprimido, aproximadamente 2 cucharaditas

1/4 taza de aceite de oliva virgen extra

Preparación

Combine todos los ingredientes del aderezo en un procesador de alimentos.

Mezcle con el resto de los ingredientes y mezcle bien.

Ensalada De Tomates Y Almendras Con Lechuga Iceberg

Ingredientes:

8 onzas de queso vegano

6 a 7 tazas de lechuga iceberg, 3 manojos, cortados

1/4 de pepino europeo o sin semillas, cortado por la mitad a lo largo y luego en rodajas finas

3 cucharadas de cebollín picado o picado

16 tomates cherry

1/2 taza de almendras rebanadas

1/4 cebolla blanca picada

2 a 3 cucharadas de hojas de estragón picadas

Sal y pimienta para probar

Vendaje

1 chalote pequeño, finamente picado

1 cucharada de vinagre blanco destilado

1/4 de limón, exprimido, aproximadamente 2 cucharaditas

1/4 taza de aceite de oliva virgen extra

Preparación

Combine todos los ingredientes del aderezo en un procesador de alimentos.

Mezcle con el resto de los ingredientes y mezcle bien.

Ensalada frisee y queso feta

Ingredientes:

6 a 7 tazas de lechuga mantecosa, 3 manojos, recortados

1/4 de pepino sin hueso, cortado por la mitad a lo largo, luego en rodajas finas

3 cucharadas de cebollín picado o picado

16 tomates cherry

1/2 taza de pistachos

1/4 cebolla blanca picada

2 a 3 cucharadas de hojas de estragón picadas

Sal y pimienta para probar

8 onzas de queso vegano

Vendaje

1 chalote pequeño, finamente picado

1 cucharada de vinagre blanco destilado

1/4 de limón, exprimido, aproximadamente 2 cucharaditas

1/4 taza de aceite de oliva virgen extra

1 cucharada. salsa de pesto

Preparación

Combine todos los ingredientes del aderezo en un procesador de alimentos.

Mezcle con el resto de los ingredientes y mezcle bien.

Ensalada frisee y queso feta

Ingredientes:
6 a 7 tazas de lechuga romana, 3 manojos, recortados

1/4 de pepino europeo o sin semillas, cortado por la mitad a lo largo y luego en rodajas finas

3 cucharadas de cebollín picado o picado

16 tomates cherry

1/2 taza de nueces de macadamia

1/4 cebolla roja, picada

Sal y pimienta para probar

5 onzas de queso vegano

Vendaje
1 chalote pequeño, finamente picado

1 cucharada de vinagre blanco destilado

1/4 de limón, exprimido, aproximadamente 2 cucharaditas

1/4 taza de aceite de oliva virgen extra

1 cucharada. salsa de pesto

Preparación
Combine todos los ingredientes del aderezo en un procesador de alimentos.

Mezcle con el resto de los ingredientes y mezcle bien.

Guardar Albahaca y Queso Vegano

Ingredientes:
6 a 7 tazas de lechuga de hojas sueltas, 3 manojos, cortados

1/4 de pepino, cortado por la mitad a lo largo y luego en rodajas finas

16 tomates cherry

1/4 cebolla roja, picada

2 a 3 cucharadas de albahaca fresca picada

Sal y pimienta para probar

8 onzas de queso vegano

Vendaje
1 chalote pequeño, finamente picado

1 cucharada de vinagre blanco destilado

1/4 de limón, exprimido, aproximadamente 2 cucharaditas

1/4 taza de aceite de oliva virgen extra

Preparación
Combine todos los ingredientes del aderezo en un procesador de alimentos.

Mezcle con el resto de los ingredientes y mezcle bien.

Ensalada De Lechuga Romana Y Pistacho

Ingredientes:

8 onzas de queso vegano

6 a 7 tazas de lechuga romana, 3 manojos, recortados

1/4 de pepino europeo o sin semillas, cortado por la mitad a lo largo y luego en rodajas finas

3 cucharadas de cebollín picado o picado

16 tomates cherry

1/2 taza de pistachos picados

1/4 cebolla Vidalla, en rodajas

2 a 3 cucharadas de hojas de estragón picadas

Sal y pimienta para probar

Vendaje

1 chalote pequeño, finamente picado

1 cucharada de vinagre blanco destilado

1/4 de limón, exprimido, aproximadamente 2 cucharaditas

1/4 taza de aceite de oliva virgen extra

Preparación

Combine todos los ingredientes del aderezo en un procesador de alimentos.

Mezcle con el resto de los ingredientes y mezcle bien.

Lechuga Frisee Tomates Y Cebolla En Vinagreta De Aceite De Nuez De Macadamia

Ingredientes:
6 a 7 tazas de lechuga Frisee, 3 manojos, recortados
1/4 de pepino, cortado por la mitad a lo largo y luego en rodajas finas
3 cucharadas de cebollín picado o picado
16 tomates cherry
1/2 taza de almendras rebanadas
1/4 cebolla roja, picada
2 a 3 cucharadas de perejil picado
Sal y pimienta para probar
8 onzas de queso vegano

Vendaje
1 cebolleta pequeña, finamente picada
1 cucharada de vinagre blanco destilado
1/4 de limón, exprimido, aproximadamente 2 cucharaditas
1/4 taza de aceite de nuez de macadamia

Preparación
Combine todos los ingredientes del aderezo en un procesador de alimentos.

Mezcle con el resto de los ingredientes y mezcle bien.

Lechuga Romana Tomates y Pistachos

Ingredientes:

8 onzas de queso vegano

6 a 7 tazas de lechuga romana, 3 manojos, recortados

1/4 de pepino europeo o sin semillas, cortado por la mitad a lo largo y luego en rodajas finas

3 cucharadas de cebollín picado o picado

16 tomates cherry

1/2 taza de pistachos

1/4 cebolla roja, picada

Sal y pimienta para probar

Vendaje

1 chalote pequeño, finamente picado

1 cucharada de vinagre blanco destilado

1/4 de limón, exprimido, aproximadamente 2 cucharaditas

1/4 taza de aceite de oliva virgen extra

Preparación

Combine todos los ingredientes del aderezo en un procesador de alimentos.

Mezcle con el resto de los ingredientes y mezcle bien.

Alcachofa Alcaparras y Ensalada De Corazón De Alcachofa

Ingredientes:

1 alcachofa, enjuagada, batida y desmenuzada

½ taza de alcaparras

½ taza de corazones de alcachofa

Vendaje

2 cucharadas. vinagre de vino blanco

4 cucharadas de aceite de oliva virgen extra

Pimienta negra recién molida

3/4 taza de almendras finamente molidas

Sal marina

Preparación

Combine todos los ingredientes del aderezo en un procesador de alimentos.

Mezcle con el resto de los ingredientes y mezcle bien.

Ensalada De Verduras Mixtas De Elote Y Corazón De Alcachofa

Ingredientes:

1 manojo de Mesclun, enjuagado, batido y desmenuzado

½ taza de maíz tierno enlatado

½ taza de corazones de alcachofa

Vendaje

2 cucharadas. vinagre de vino blanco

4 cucharadas de aceite de oliva virgen extra

Pimienta negra recién molida

3/4 taza de cacahuates finamente molidos

Sal marina

Preparación

Combine todos los ingredientes del aderezo en un procesador de alimentos.

Mezcle con el resto de los ingredientes y mezcle bien.

Lechuga Romana Con Aderezo De Tomatillo

Ingredientes:
1 cabeza de lechuga romana, rallada

4 tomates grandes, sin semillas y picados

4 rábanos, en rodajas finas

Vendaje
6 tomatillos, enjuagados y partidos por la mitad

1 jalapeño, cortado a la mitad

1 cebolla blanca, en cuartos

2 cucharadas de aceite de oliva virgen extra

Sal kosher y pimienta negra recién molida

1/2 cucharadita de comino molido

1 taza de queso crema sin lácteos

2 cucharadas de jugo de limón fresco

preparar/cocinar
Precaliente el horno a 400 grados F.

Para el aderezo, coloca los tomatillos, el jalapeño y la cebolla en una charola para hornear.

Rociar con aceite de oliva y espolvorear con sal y pimienta.

Asar en el horno durante 25-30 minutos. hasta que las verduras comiencen a dorarse y oscurecerse un poco.

Transfiera a un procesador de alimentos y deje enfriar, luego mezcle.

Agregue el resto de los ingredientes y refrigere por una hora.

Mezcle con el resto de los ingredientes y mezcle bien.

Ensalada griega de lechuga romana y tomate

Ingredientes:

1 cabeza de lechuga romana, finamente picada

4 tomates maduros enteros, cortados en 6 gajos cada uno, luego cortar cada gajo por la mitad

1 pepino mediano entero, pelado, cortado en cuartos a lo largo y cortado en trozos grandes

1/2 cebolla blanca entera, en rodajas muy finas

30 aceitunas verdes enteras sin hueso, cortadas por la mitad a lo largo, más 6 aceitunas, finamente picadas

6 onzas de queso vegano desmenuzado

Hojas de perejil fresco, picadas en trozos grandes

Vendaje

1/4 taza de aceite de oliva virgen extra

2 cucharadas de vinagre de vino blanco

1 cucharadita de azúcar, o más al gusto

1 diente de ajo picado

Sal y pimienta negra recién molida

Jugo de ½ limón

Sal marina

Preparación

Coloque todos los ingredientes del aderezo en un procesador de alimentos y mezcle.

Sazone con más sal si es necesario.

Mezcle todos los ingredientes juntos.

Ensalada de tomate ciruela y pepino

Ingredientes:

5 tomates ciruela medianos, cortados por la mitad a lo largo, sin semillas y en rodajas finas

1/4 cebolla blanca, pelada, cortada por la mitad a lo largo y en rodajas finas

1 pepino grande, cortado por la mitad a lo largo y en rodajas finas

Vendaje

¼ taza de aceite de oliva virgen extra

2 chorros de vinagre de vino blanco

Sal gruesa y pimienta negra

Preparación

Combina todos los ingredientes del aderezo.

Mezcle con el resto de los ingredientes y mezcle bien.

Ensalada de pepino con champiñones enoki

Ingredientes:

15 hongos Enoki, en rodajas finas

1/4 cebolla blanca, pelada, cortada por la mitad a lo largo y en rodajas finas

1 pepino grande, cortado por la mitad a lo largo y en rodajas finas

Vendaje

¼ taza de aceite de oliva virgen extra

2 chorros de vinagre de vino blanco

Sal gruesa y pimienta negra

Preparación

Combina todos los ingredientes del aderezo.

Mezcle con el resto de los ingredientes y mezcle bien.

Ensalada de tomate y calabacín

Ingredientes:

5 tomates medianos, cortados por la mitad a lo largo, sin semillas y en rodajas finas

1/4 cebolla blanca, pelada, cortada por la mitad a lo largo y en rodajas finas

1 calabacín grande cortado por la mitad a lo largo, en rodajas finas y blanqueado

Vendaje

¼ taza de aceite de oliva virgen extra

2 cucharadas. vinagre de sidra de manzana

Sal gruesa y pimienta negra

Preparación

Combina todos los ingredientes del aderezo.

Mezcle con el resto de los ingredientes y mezcle bien.

Tomatillos con ensalada de pepino

Ingredientes:

10 tomatillos, cortados por la mitad a lo largo, sin semillas y en rodajas finas

1/4 cebolla blanca, pelada, cortada por la mitad a lo largo y en rodajas finas

1 pepino grande, cortado por la mitad a lo largo y en rodajas finas

Vendaje

¼ taza de aceite de oliva virgen extra

2 chorros de vinagre de vino blanco

Sal gruesa y pimienta negra

Preparación

Combina todos los ingredientes del aderezo.

Mezcle con el resto de los ingredientes y mezcle bien.

Ensalada de cebolla y tomate pera

Ingredientes:

5 tomates ciruela medianos, cortados por la mitad a lo largo, sin semillas y en rodajas finas

1/4 cebolla blanca, pelada, cortada por la mitad a lo largo y en rodajas finas

1 pepino grande, cortado por la mitad a lo largo y en rodajas finas

Vendaje

¼ taza de aceite de oliva virgen extra

2 cucharadas. vinagre de sidra de manzana

Sal gruesa y pimienta negra

Preparación

Combina todos los ingredientes del aderezo.

Mezcle con el resto de los ingredientes y mezcle bien.

Ensalada de tomate y calabacín

Ingredientes:

5 tomates medianos, cortados por la mitad a lo largo, sin semillas y en rodajas finas

1/4 cebolla blanca, pelada, cortada por la mitad a lo largo y en rodajas finas

1 calabacín grande cortado por la mitad a lo largo, en rodajas finas y blanqueado

Vendaje

¼ taza de aceite de oliva virgen extra

2 chorros de vinagre de vino blanco

Sal gruesa y pimienta negra

Preparación

Combina todos los ingredientes del aderezo.

Mezcle con el resto de los ingredientes y mezcle bien.

Ensalada de Tomate Heirloom

Ingredientes:

3 tomates Heirloom, cortados por la mitad a lo largo, sin semillas y en rodajas finas

1/4 cebolla blanca, pelada, cortada por la mitad a lo largo y en rodajas finas

1 pepino grande, cortado por la mitad a lo largo y en rodajas finas

Vendaje

¼ taza de aceite de oliva virgen extra

2 chorros de vinagre de vino blanco

Sal gruesa y pimienta negra

Preparación

Combina todos los ingredientes del aderezo.

Mezcle con el resto de los ingredientes y mezcle bien.

Ensalada de champiñones enoki

Ingredientes:

15 hongos Enoki, en rodajas finas

1/4 cebolla blanca, pelada, cortada por la mitad a lo largo y en rodajas finas

1 pepino grande, cortado por la mitad a lo largo y en rodajas finas

Vendaje

¼ taza de aceite de oliva virgen extra

2 cucharadas. vinagre de sidra de manzana

Sal gruesa y pimienta negra

Preparación

Combina todos los ingredientes del aderezo.

Mezcle con el resto de los ingredientes y mezcle bien.

Ensalada de corazones de alcachofas y tomates ciruelas

Ingredientes:
6 corazones de alcachofa (enlatados)

5 tomates ciruela medianos, cortados por la mitad a lo largo, sin semillas y en rodajas finas

1/4 cebolla blanca, pelada, cortada por la mitad a lo largo y en rodajas finas

1 pepino grande, cortado por la mitad a lo largo y en rodajas finas

Vendaje
¼ taza de aceite de oliva virgen extra

2 chorros de vinagre de vino blanco

Sal gruesa y pimienta negra

Preparación
Combina todos los ingredientes del aderezo.

Mezcle con el resto de los ingredientes y mezcle bien.

Ensalada de maíz tierno y tomates ciruela

Ingredientes:

½ taza de maíz tierno enlatado

5 tomates ciruela medianos, cortados por la mitad a lo largo, sin semillas y en rodajas finas

1/4 cebolla blanca, pelada, cortada por la mitad a lo largo y en rodajas finas

1 calabacín grande cortado por la mitad a lo largo, en rodajas finas y blanqueado

Vendaje

¼ taza de aceite de oliva virgen extra

2 chorros de vinagre de vino blanco

Sal gruesa y pimienta negra

Preparación

Combina todos los ingredientes del aderezo.

Mezcle con el resto de los ingredientes y mezcle bien.

Ensalada De Verduras Mixtas Y Tomate

Ingredientes:

1 manojo de Meslcun, enjuagado y escurrido

5 tomates medianos, cortados por la mitad a lo largo, sin semillas y en rodajas finas

1/4 cebolla blanca, pelada, cortada por la mitad a lo largo y en rodajas finas

1 pepino grande, cortado por la mitad a lo largo y en rodajas finas

Vendaje

¼ taza de aceite de oliva virgen extra

2 cucharadas. vinagre de sidra de manzana

Sal gruesa y pimienta negra

Preparación

Combina todos los ingredientes del aderezo.

Mezcle con el resto de los ingredientes y mezcle bien.

Ensalada de lechuga romana y tomates pera

Ingredientes:

1 manojo de lechuga romana, enjuagada y escurrida

5 tomates ciruela medianos, cortados por la mitad a lo largo, sin semillas y en rodajas finas

1/4 cebolla blanca, pelada, cortada por la mitad a lo largo y en rodajas finas

1 pepino grande, cortado por la mitad a lo largo y en rodajas finas

Vendaje

¼ taza de aceite de oliva virgen extra

2 chorros de vinagre de vino blanco

Sal gruesa y pimienta negra

Preparación

Combina todos los ingredientes del aderezo.

Mezcle con el resto de los ingredientes y mezcle bien.

Ensalada de Endivias y Hongos Enoki

Ingredientes:

1 manojo de escarola, enjuagado y escurrido

15 hongos Enoki, en rodajas finas

1/4 cebolla blanca, pelada, cortada por la mitad a lo largo y en rodajas finas

1 pepino grande, cortado por la mitad a lo largo y en rodajas finas

Vendaje

¼ taza de aceite de oliva virgen extra

2 chorros de vinagre de vino blanco

Sal gruesa y pimienta negra

Preparación

Combina todos los ingredientes del aderezo.

Mezcle con el resto de los ingredientes y mezcle bien.

Ensalada de alcachofas y tomates

Ingredientes:
1 alcachofa, enjuagada y escurrida

5 tomates medianos, cortados por la mitad a lo largo, sin semillas y en rodajas finas

1/4 cebolla blanca, pelada, cortada por la mitad a lo largo y en rodajas finas

1 calabacín grande cortado por la mitad a lo largo, en rodajas finas y blanqueado

Vendaje
¼ taza de aceite de oliva virgen extra

2 chorros de vinagre de vino blanco

Sal gruesa y pimienta negra

Preparación
Combina todos los ingredientes del aderezo.

Mezcle con el resto de los ingredientes y mezcle bien.

Ensalada de col rizada y tomate heirloom

Ingredientes:

1 manojo de col rizada, enjuagada y escurrida

3 tomates Heirloom, cortados por la mitad a lo largo, sin semillas y en rodajas finas

1/4 cebolla blanca, pelada, cortada por la mitad a lo largo y en rodajas finas

1 pepino grande, cortado por la mitad a lo largo y en rodajas finas

Vendaje

¼ taza de aceite de oliva virgen extra

2 cucharadas. vinagre de sidra de manzana

Sal gruesa y pimienta negra

Preparación

Combina todos los ingredientes del aderezo.

Mezcle con el resto de los ingredientes y mezcle bien.

Ensalada De Espinacas Y Tomatillo

Ingredientes:

1 manojo de espinacas, enjuagadas y escurridas

10 tomatillos, cortados por la mitad a lo largo, sin semillas y en rodajas finas

1/4 cebolla blanca, pelada, cortada por la mitad a lo largo y en rodajas finas

1 pepino grande, cortado por la mitad a lo largo y en rodajas finas

Vendaje

¼ taza de aceite de oliva virgen extra

2 chorros de vinagre de vino blanco

Sal gruesa y pimienta negra

Preparación

Combina todos los ingredientes del aderezo.

Mezcle con el resto de los ingredientes y mezcle bien.

Ensalada Mesclun y Champiñones Enoki

Ingredientes:

1 manojo de Meslcun, enjuagado y escurrido

15 hongos Enoki, en rodajas finas

1/4 cebolla blanca, pelada, cortada por la mitad a lo largo y en rodajas finas

1 pepino grande, cortado por la mitad a lo largo y en rodajas finas

Vendaje

¼ taza de aceite de oliva virgen extra

2 chorros de vinagre de vino blanco

Sal gruesa y pimienta negra

Preparación

Combina todos los ingredientes del aderezo.

Mezcle con el resto de los ingredientes y mezcle bien.

Ensalada De Lechuga Romana Y Pepino

Ingredientes:

1 manojo de lechuga romana, enjuagada y escurrida

5 tomates ciruela medianos, cortados por la mitad a lo largo, sin semillas y en rodajas finas

1/4 cebolla blanca, pelada, cortada por la mitad a lo largo y en rodajas finas

1 pepino grande, cortado por la mitad a lo largo y en rodajas finas

Vendaje

¼ taza de aceite de oliva virgen extra

2 cucharadas. vinagre de sidra de manzana

Sal gruesa y pimienta negra

Preparación

Combina todos los ingredientes del aderezo.

Mezcle con el resto de los ingredientes y mezcle bien.

Ensalada De Kale, Espinacas Y Calabacín

Ingredientes:

1 manojo de col rizada, enjuagada y escurrida

1 manojo de espinacas, enjuagadas y escurridas

1/4 cebolla blanca, pelada, cortada por la mitad a lo largo y en rodajas finas

1 calabacín grande cortado por la mitad a lo largo, en rodajas finas y blanqueado

Vendaje

¼ taza de aceite de oliva virgen extra

2 chorros de vinagre de vino blanco

Sal gruesa y pimienta negra

Preparación

Combina todos los ingredientes del aderezo.

Mezcle con el resto de los ingredientes y mezcle bien.

Ensalada De Kale De Alcachofas Y Hongos Enoki

Ingredientes:

1 alcachofa, enjuagada y escurrida

1 manojo de col rizada, enjuagada y escurrida

15 hongos Enoki, en rodajas finas

1/4 cebolla blanca, pelada, cortada por la mitad a lo largo y en rodajas finas

1 pepino grande, cortado por la mitad a lo largo y en rodajas finas

Vendaje

¼ taza de aceite de oliva virgen extra

2 chorros de vinagre de vino blanco

Sal gruesa y pimienta negra

Preparación

Combina todos los ingredientes del aderezo.

Mezcle con el resto de los ingredientes y mezcle bien.

Ensalada De Endibias Y Alcachofas

Ingredientes:

1 manojo de escarola, enjuagado y escurrido

1 alcachofa, enjuagada y escurrida

1 pepino grande, cortado por la mitad a lo largo y en rodajas finas

Vendaje

¼ taza de aceite de oliva virgen extra

2 chorros de vinagre de vino blanco

Sal gruesa y pimienta negra

Preparación

Combina todos los ingredientes del aderezo.

Mezcle con el resto de los ingredientes y mezcle bien.

Ensalada De Escarola Y Calabacín

Ingredientes:

1 manojo de lechuga romana, enjuagada y escurrida

1 manojo de escarola, enjuagado y escurrido

1 calabacín grande cortado por la mitad a lo largo, en rodajas finas y blanqueado

Vendaje

¼ taza de aceite de oliva virgen extra

2 chorros de vinagre de vino blanco

Sal gruesa y pimienta negra

Preparación

Combina todos los ingredientes del aderezo.

Mezcle con el resto de los ingredientes y mezcle bien.

Ensalada de Mezclum y Lechuga Romana

Ingredientes:
1 manojo de Meslcun, enjuagado y escurrido

1 manojo de lechuga romana, enjuagada y escurrida

1/4 cebolla blanca, pelada, cortada por la mitad a lo largo y en rodajas finas

1 pepino grande, cortado por la mitad a lo largo y en rodajas finas

Vendaje
¼ taza de aceite de oliva virgen extra

2 cucharadas. vinagre de sidra de manzana

Sal gruesa y pimienta negra

Preparación
Combina todos los ingredientes del aderezo.

Mezcle con el resto de los ingredientes y mezcle bien.

Ensalada mixta de verdes y tomatillo

Ingredientes:

1 manojo de Meslcun, enjuagado y escurrido

1 manojo de lechuga romana, enjuagada y escurrida

10 tomatillos, cortados por la mitad a lo largo, sin semillas y en rodajas finas

1/4 cebolla blanca, pelada, cortada por la mitad a lo largo y en rodajas finas

1 calabacín grande cortado por la mitad a lo largo, en rodajas finas y blanqueado

Vendaje

¼ taza de aceite de oliva virgen extra

2 chorros de vinagre de vino blanco

Sal gruesa y pimienta negra

Preparación

Combina todos los ingredientes del aderezo.

Mezcle con el resto de los ingredientes y mezcle bien.

Ensalada De Lechuga Romana Y Endibias

Ingredientes:
1 manojo de lechuga romana, enjuagada y escurrida

1 manojo de escarola, enjuagado y escurrido

5 tomates ciruela medianos, cortados por la mitad a lo largo, sin semillas y en rodajas finas

1/4 cebolla blanca, pelada, cortada por la mitad a lo largo y en rodajas finas

1 pepino grande, cortado por la mitad a lo largo y en rodajas finas

Vendaje
¼ taza de aceite de oliva virgen extra

2 chorros de vinagre de vino blanco

Sal gruesa y pimienta negra

Preparación
Combina todos los ingredientes del aderezo.

Mezcle con el resto de los ingredientes y mezcle bien.

Ensalada de alcachofas y kale

Ingredientes:

1 alcachofa, enjuagada y escurrida

1 manojo de col rizada, enjuagada y escurrida

3 tomates Heirloom, cortados por la mitad a lo largo, sin semillas y en rodajas finas

1/4 cebolla blanca, pelada, cortada por la mitad a lo largo y en rodajas finas

1 pepino grande, cortado por la mitad a lo largo y en rodajas finas

Vendaje

¼ taza de aceite de oliva virgen extra

2 chorros de vinagre de vino blanco

Sal gruesa y pimienta negra

Preparación

Combina todos los ingredientes del aderezo.

Mezcle con el resto de los ingredientes y mezcle bien.

Ensalada de col rizada y espinacas

Ingredientes:

1 manojo de col rizada, enjuagada y escurrida

1 manojo de espinacas, enjuagadas y escurridas

15 hongos Enoki, en rodajas finas

1/4 cebolla blanca, pelada, cortada por la mitad a lo largo y en rodajas finas

1 pepino grande, cortado por la mitad a lo largo y en rodajas finas

Vendaje

¼ taza de aceite de oliva virgen extra

2 chorros de vinagre de vino blanco

Sal gruesa y pimienta negra

Preparación

Combina todos los ingredientes del aderezo.

Mezcle con el resto de los ingredientes y mezcle bien.

Ensalada de zanahorias y tomate ciruela

Ingredientes:

1 taza de zanahorias baby, picadas

5 tomates ciruela medianos, cortados por la mitad a lo largo, sin semillas y en rodajas finas

1/4 cebolla blanca, pelada, cortada por la mitad a lo largo y en rodajas finas

1 pepino grande, cortado por la mitad a lo largo y en rodajas finas

Vendaje

¼ taza de aceite de oliva virgen extra

2 cucharadas. vinagre de sidra de manzana

Sal gruesa y pimienta negra

Preparación

Combina todos los ingredientes del aderezo.

Mezcle con el resto de los ingredientes y mezcle bien.

Ensalada de tomate con maíz y ciruelas pasas

Ingredientes:

1 taza de maíz baby (de lata), escurrido

5 tomates ciruela medianos, cortados por la mitad a lo largo, sin semillas y en rodajas finas

1/4 cebolla blanca, pelada, cortada por la mitad a lo largo y en rodajas finas

1 calabacín grande cortado por la mitad a lo largo, en rodajas finas y blanqueado

Vendaje

¼ taza de aceite de oliva virgen extra

2 chorros de vinagre de vino blanco

Sal gruesa y pimienta negra

Preparación

Combina todos los ingredientes del aderezo.

Mezcle con el resto de los ingredientes y mezcle bien.

Ensalada mixta de zanahorias verdes y baby

Ingredientes:

1 manojo de Meslcun, enjuagado y escurrido

1 taza de zanahorias baby, picadas

1 pepino grande, cortado por la mitad a lo largo y en rodajas finas

Vendaje

¼ taza de aceite de oliva virgen extra

2 chorros de vinagre de vino blanco

Sal gruesa y pimienta negra

Preparación

Combina todos los ingredientes del aderezo.

Mezcle con el resto de los ingredientes y mezcle bien.

Ensalada de lechuga romana y maíz tierno

Ingredientes:

1 manojo de lechuga romana, enjuagada y escurrida

1 taza de maíz baby (de lata), escurrido

1 pepino grande, cortado por la mitad a lo largo y en rodajas finas

Vendaje

¼ taza de aceite de oliva virgen extra

2 chorros de vinagre de vino blanco

Sal gruesa y pimienta negra

Preparación

Combina todos los ingredientes del aderezo.

Mezcle con el resto de los ingredientes y mezcle bien.

Ensalada de maíz tierno y escarola

Ingredientes:

1 taza de maíz baby (de lata), escurrido

1 manojo de escarola, enjuagado y escurrido

1/4 cebolla blanca, pelada, cortada por la mitad a lo largo y en rodajas finas

1 calabacín grande cortado por la mitad a lo largo, en rodajas finas y blanqueado

Vendaje

¼ taza de aceite de oliva virgen extra

2 cucharadas. vinagre de sidra de manzana

Sal gruesa y pimienta negra

Preparación

Combina todos los ingredientes del aderezo.

Mezcle con el resto de los ingredientes y mezcle bien.

Ensalada de coliflor y tomatillo

Ingredientes:

9 floretes de coliflor, blanqueados y escurridos

10 tomatillos, cortados por la mitad a lo largo, sin semillas y en rodajas finas

1/4 cebolla blanca, pelada, cortada por la mitad a lo largo y en rodajas finas

1 pepino grande, cortado por la mitad a lo largo y en rodajas finas

Vendaje

¼ taza de aceite de oliva virgen extra

2 chorros de vinagre de vino blanco

Sal gruesa y pimienta negra

Preparación

Combina todos los ingredientes del aderezo.

Mezcle con el resto de los ingredientes y mezcle bien.

Ensalada de brócoli y tomatillo

Ingredientes:
8 floretes de brócoli, blanqueados y escurridos

10 tomatillos, cortados por la mitad a lo largo, sin semillas y en rodajas finas

1/4 cebolla blanca, pelada, cortada por la mitad a lo largo y en rodajas finas

1 pepino grande, cortado por la mitad a lo largo y en rodajas finas

Vendaje
¼ taza de aceite de oliva virgen extra

2 chorros de vinagre de vino blanco

Sal gruesa y pimienta negra

Preparación
Combina todos los ingredientes del aderezo.

Mezcle con el resto de los ingredientes y mezcle bien.

Ensalada de espinacas y coliflor

Ingredientes:

1 manojo de espinacas, enjuagadas y escurridas

9 floretes de coliflor, blanqueados y escurridos

1 calabacín grande cortado por la mitad a lo largo, en rodajas finas y blanqueado

Vendaje

¼ taza de aceite de oliva virgen extra

2 chorros de vinagre de vino blanco

Sal gruesa y pimienta negra

Preparación

Combina todos los ingredientes del aderezo.

Mezcle con el resto de los ingredientes y mezcle bien.

Ensalada de col rizada y brócoli

Ingredientes:

1 manojo de col rizada, enjuagada y escurrida

8 floretes de brócoli, blanqueados y escurridos

1 pepino grande, cortado por la mitad a lo largo y en rodajas finas

Vendaje

¼ taza de aceite de oliva virgen extra

2 chorros de vinagre de vino blanco

Sal gruesa y pimienta negra

Preparación

Combina todos los ingredientes del aderezo.

Mezcle con el resto de los ingredientes y mezcle bien.

Ensalada de col rizada, espinacas y brócoli

Ingredientes:

1 manojo de col rizada, enjuagada y escurrida

8 floretes de brócoli, blanqueados y escurridos

1 manojo de espinacas, enjuagadas y escurridas

Vendaje

¼ taza de aceite de oliva virgen extra

2 chorros de vinagre de vino blanco

Sal gruesa y pimienta negra

Preparación

Combina todos los ingredientes del aderczo.

Mezcle con el resto de los ingredientes y mezcle bien.

Ensalada de alcachofa, kale y brócoli

Ingredientes:

1 alcachofa, enjuagada y escurrida

1 manojo de col rizada, enjuagada y escurrida

8 floretes de brócoli, blanqueados y escurridos

Vendaje

¼ taza de aceite de oliva virgen extra

2 chorros de vinagre de vino blanco

Sal gruesa y pimienta negra

Preparación

Combina todos los ingredientes del aderezo.

Mezcle con el resto de los ingredientes y mezcle bien.

Ensalada de maíz tierno y escarola

Ingredientes:
1 taza de maíz baby (de lata), escurrido

1 manojo de escarola, enjuagado y escurrido

1 alcachofa, enjuagada y escurrida

Vendaje
¼ taza de aceite de oliva virgen extra

2 cucharadas. vinagre de sidra de manzana

Sal gruesa y pimienta negra

Preparación
Combina todos los ingredientes del aderezo.

Mezcle con el resto de los ingredientes y mezcle bien.

Ensalada mixta de zanahorias verdes y baby

Ingredientes:

1 manojo de Meslcun, enjuagado y escurrido

1 taza de zanahorias baby, picadas

1 manojo de lechuga romana, enjuagada y escurrida

Vendaje

¼ taza de aceite de oliva virgen extra

2 chorros de vinagre de vino blanco

Sal gruesa y pimienta negra

Preparación

Combina todos los ingredientes del aderezo.

Mezcle con el resto de los ingredientes y mezcle bien.

Ensalada de tomate y maíz baby

Ingredientes:
10 tomatillos, cortados por la mitad a lo largo, sin semillas y en rodajas finas

1 taza de maíz baby (de lata), escurrido

1 manojo de escarola, enjuagado y escurrido

1 alcachofa, enjuagada y escurrida

Vendaje
¼ taza de aceite de oliva virgen extra

2 chorros de vinagre de vino blanco

Sal gruesa y pimienta negra

Preparación
Combina todos los ingredientes del aderezo.

Mezcle con el resto de los ingredientes y mezcle bien.

Ensalada de Enoki y Maíz Baby

Ingredientes:

15 hongos Enoki, en rodajas finas

1 taza de maíz baby (de lata), escurrido

1 manojo de escarola, enjuagado y escurrido

1 alcachofa, enjuagada y escurrida

Vendaje

¼ taza de aceite de oliva virgen extra

2 cucharadas. vinagre de sidra de manzana

Sal gruesa y pimienta negra

Preparación

Combina todos los ingredientes del aderezo.

Mezcle con el resto de los ingredientes y mezcle bien.

Ensalada de endivias y alcachofas de tomate Heirloom

Ingredientes:

3 tomates Heirloom, cortados por la mitad a lo largo, sin semillas y en rodajas finas

1 manojo de escarola, enjuagado y escurrido

1 alcachofa, enjuagada y escurrida

1 manojo de col rizada, enjuagada y escurrida

Vendaje

¼ taza de aceite de oliva virgen extra

2 chorros de vinagre de vino blanco

Sal gruesa y pimienta negra

Preparación

Combina todos los ingredientes del aderezo.

Mezcle con el resto de los ingredientes y mezcle bien.

Ensalada con tomates ciruela kale y cebolla

Ingredientes:

1 manojo de col rizada, enjuagada y escurrida

5 tomates ciruela medianos, cortados por la mitad a lo largo, sin semillas y en rodajas finas

1/4 cebolla blanca, pelada, cortada por la mitad a lo largo y en rodajas finas

1 pepino grande, cortado por la mitad a lo largo y en rodajas finas

Vendaje

¼ taza de aceite de oliva virgen extra

2 chorros de vinagre de vino blanco

Sal gruesa y pimienta negra

Preparación

Combina todos los ingredientes del aderezo.

Mezcle con el resto de los ingredientes y mezcle bien.

Ensalada De Espinacas, Tomates Ciruela Y Cebolla

Ingredientes:

1 manojo de espinacas, enjuagadas y escurridas

5 tomates ciruela medianos, cortados por la mitad a lo largo, sin semillas y en rodajas finas

1/4 cebolla blanca, pelada, cortada por la mitad a lo largo y en rodajas finas

1 pepino grande, cortado por la mitad a lo largo y en rodajas finas

Vendaje

¼ taza de aceite de oliva virgen extra

2 chorros de vinagre de vino blanco

Sal gruesa y pimienta negra

Preparación

Combina todos los ingredientes del aderezo.

Mezcle con el resto de los ingredientes y mezcle bien.

Ensalada de berros y calabacines

Ingredientes:

1 manojo de berros, enjuagados y escurridos

5 tomates ciruela medianos, cortados por la mitad a lo largo, sin semillas y en rodajas finas

1/4 cebolla blanca, pelada, cortada por la mitad a lo largo y en rodajas finas

1 calabacín grande cortado por la mitad a lo largo, en rodajas finas y blanqueado

Vendaje

¼ taza de aceite de oliva virgen extra

2 cucharadas. vinagre de sidra de manzana

Sal gruesa y pimienta negra

Preparación

Combina todos los ingredientes del aderezo.

Mezcle con el resto de los ingredientes y mezcle bien.

Ensalada de mango, tomate y pepino

Ingredientes:

1 taza de mangos cortados en cubitos

5 tomates ciruela medianos, cortados por la mitad a lo largo, sin semillas y en rodajas finas

1/4 cebolla blanca, pelada, cortada por la mitad a lo largo y en rodajas finas

1 pepino grande, cortado por la mitad a lo largo y en rodajas finas

Vendaje

¼ taza de aceite de oliva virgen extra

2 chorros de vinagre de vino blanco

Sal gruesa y pimienta negra

Preparación

Combina todos los ingredientes del aderezo.

Mezcle con el resto de los ingredientes y mezcle bien.

Ensalada de melocotones tomates y cebolla

Ingredientes:

1 taza de duraznos cortados en cubitos

5 tomates medianos, cortados por la mitad a lo largo, sin semillas y en rodajas finas

1/4 cebolla blanca, pelada, cortada por la mitad a lo largo y en rodajas finas

1 pepino grande, cortado por la mitad a lo largo y en rodajas finas

Vendaje

¼ taza de aceite de oliva virgen extra

2 chorros de vinagre de vino blanco

Sal gruesa y pimienta negra

Preparación

Combina todos los ingredientes del aderezo.

Mezcle con el resto de los ingredientes y mezcle bien.

Tomatillo de Uva Negra y Cebolla Blanca

Ingredientes:

12 piezas uvas negras

10 tomatillos, cortados por la mitad a lo largo, sin semillas y en rodajas finas

1/4 cebolla blanca, pelada, cortada por la mitad a lo largo y en rodajas finas

1 pepino grande, cortado por la mitad a lo largo y en rodajas finas

Vendaje

¼ taza de aceite de oliva virgen extra

2 chorros de vinagre de vino blanco

Sal gruesa y pimienta negra

Preparación

Combina todos los ingredientes del aderezo.

Mezcle con el resto de los ingredientes y mezcle bien.

Ensalada De Uva Roja Tomatillo Y Calabacín

Ingredientes:

10 piezas. uvas rojas

3 tomates Heirloom, cortados por la mitad a lo largo, sin semillas y en rodajas finas

1/4 cebolla blanca, pelada, cortada por la mitad a lo largo y en rodajas finas

1 calabacín grande cortado por la mitad a lo largo, en rodajas finas y blanqueado

Vendaje

¼ taza de aceite de oliva virgen extra

2 chorros de vinagre de vino blanco

Sal gruesa y pimienta negra

Preparación

Combina todos los ingredientes del aderezo.

Mezcle con el resto de los ingredientes y mezcle bien.

Ensalada de col lombarda, tomates pera y cebolla

Ingredientes:
1/2 repollo rojo mediano, en rodajas finas
5 tomates ciruela medianos, cortados por la mitad a lo largo, sin semillas y en rodajas finas
1/4 cebolla blanca, pelada, cortada por la mitad a lo largo y en rodajas finas
1 pepino grande, cortado por la mitad a lo largo y en rodajas finas

Vendaje
¼ taza de aceite de oliva virgen extra
2 cucharadas. vinagre de sidra de manzana
Sal gruesa y pimienta negra

Preparación
Combina todos los ingredientes del aderezo.

Mezcle con el resto de los ingredientes y mezcle bien.

Ensalada de tomate y pepino con repollo Napa

Ingredientes:

1/2 repollo Napa mediano, en rodajas finas

5 tomates ciruela medianos, cortados por la mitad a lo largo, sin semillas y en rodajas finas

1/4 cebolla blanca, pelada, cortada por la mitad a lo largo y en rodajas finas

1 pepino grande, cortado por la mitad a lo largo y en rodajas finas

Vendaje

¼ taza de aceite de oliva virgen extra

2 cucharadas. vinagre de sidra de manzana

Sal gruesa y pimienta negra

Preparación

Combina todos los ingredientes del aderezo.

Mezcle con el resto de los ingredientes y mezcle bien.

Ensalada de col roja y napa

Ingredientes:
1/2 repollo rojo mediano, en rodajas finas
1/2 repollo Napa mediano, en rodajas finas
1/4 cebolla blanca, pelada, cortada por la mitad a lo largo y en rodajas finas
1 calabacín grande cortado por la mitad a lo largo, en rodajas finas y blanqueado

Vendaje
¼ taza de aceite de oliva virgen extra
2 chorros de vinagre de vino blanco
Sal gruesa y pimienta negra

Preparación
Combina todos los ingredientes del aderezo.

Mezcle con el resto de los ingredientes y mezcle bien.

Ensalada con uvas negras y rojas

Ingredientes:
12 piezas uvas negras

10 piezas. uvas rojas

1/4 cebolla blanca, pelada, cortada por la mitad a lo largo y en rodajas finas

1 pepino grande, cortado por la mitad a lo largo y en rodajas finas

Vendaje
¼ taza de aceite de oliva virgen extra

2 chorros de vinagre de vino blanco

Sal gruesa y pimienta negra

Preparación
Combina todos los ingredientes del aderezo.

Mezcle con el resto de los ingredientes y mezcle bien.

Ensalada De Mangos Duraznos Y Pepino

Ingredientes:
1 taza de mangos cortados en cubitos

1 taza de duraznos cortados en cubitos

1/4 cebolla blanca, pelada, cortada por la mitad a lo largo y en rodajas finas

1 pepino grande, cortado por la mitad a lo largo y en rodajas finas

Vendaje
¼ taza de aceite de oliva virgen extra

2 chorros de vinagre de vino blanco

Sal gruesa y pimienta negra

Preparación
Combina todos los ingredientes del aderezo.

Mezcle con el resto de los ingredientes y mezcle bien.

Ensalada Con Setas Enoki De Berros Y Calabacín

Ingredientes:

1 manojo de berros, enjuagados y escurridos

15 hongos Enoki, en rodajas finas

1/4 cebolla blanca, pelada, cortada por la mitad a lo largo y en rodajas finas

1 calabacín grande cortado por la mitad a lo largo, en rodajas finas y blanqueado

Vendaje

¼ taza de aceite de oliva virgen extra

2 chorros de vinagre de vino blanco

Sal gruesa y pimienta negra

Preparación

Combina todos los ingredientes del aderezo.

Mezcle con el resto de los ingredientes y mezcle bien.

Ensalada De Kale, Espinacas Y Pepino

Ingredientes:

1 manojo de col rizada, enjuagada y escurrida

1 manojo de espinacas, enjuagadas y escurridas

1/4 cebolla blanca, pelada, cortada por la mitad a lo largo y en rodajas finas

1 pepino grande, cortado por la mitad a lo largo y en rodajas finas

Vendaje

¼ taza de aceite de oliva virgen extra

2 cucharadas. vinagre de sidra de manzana

Sal gruesa y pimienta negra

Preparación

Combina todos los ingredientes del aderezo.

Mezcle con el resto de los ingredientes y mezcle bien.

Ensalada de kale, tomate y calabacín

Ingredientes:
1 manojo de col rizada, enjuagada y escurrida

5 tomates ciruela medianos, cortados por la mitad a lo largo, sin semillas y en rodajas finas

1/4 cebolla blanca, pelada, cortada por la mitad a lo largo y en rodajas finas

1 calabacín grande cortado por la mitad a lo largo, en rodajas finas y blanqueado

Vendaje
¼ taza de aceite de oliva virgen extra

2 chorros de vinagre de vino blanco

Sal gruesa y pimienta negra

Preparación
Combina todos los ingredientes del aderezo.

Mezcle con el resto de los ingredientes y mezcle bien.

Ensalada De Espinacas, Tomate Ciruela Y Pepino

Ingredientes:

1 manojo de espinacas, enjuagadas y escurridas

5 tomates ciruela medianos, cortados por la mitad a lo largo, sin semillas y en rodajas finas

1/4 cebolla blanca, pelada, cortada por la mitad a lo largo y en rodajas finas

1 pepino grande, cortado por la mitad a lo largo y en rodajas finas

Vendaje

¼ taza de aceite de oliva virgen extra

2 cucharadas. vinagre de sidra de manzana

Sal gruesa y pimienta negra

Preparación

Combina todos los ingredientes del aderezo.

Mezcle con el resto de los ingredientes y mezcle bien.

Ensalada de agua de tomate cherry y pepino

Ingredientes:

1 manojo de berros, enjuagados y escurridos

10 tomatillos, cortados por la mitad a lo largo, sin semillas y en rodajas finas

1/4 cebolla blanca, pelada, cortada por la mitad a lo largo y en rodajas finas

1 pepino grande, cortado por la mitad a lo largo y en rodajas finas

Vendaje

¼ taza de aceite de oliva virgen extra

2 chorros de vinagre de vino blanco

Sal gruesa y pimienta negra

Preparación

Combina todos los ingredientes del aderezo.

Mezcle con el resto de los ingredientes y mezcle bien.

Ensalada de tomate y pepino Heirloom de Mango

Ingredientes:

1 taza de mangos cortados en cubitos

3 tomates Heirloom, cortados por la mitad a lo largo, sin semillas y en rodajas finas

1/4 cebolla blanca, pelada, cortada por la mitad a lo largo y en rodajas finas

1 pepino grande, cortado por la mitad a lo largo y en rodajas finas

Vendaje

¼ taza de aceite de oliva virgen extra

2 chorros de vinagre de vino blanco

Sal gruesa y pimienta negra

Preparación

Combina todos los ingredientes del aderezo.

Mezcle con el resto de los ingredientes y mezcle bien.

Ensalada De Duraznos Y Tomate

Ingredientes:
1 taza de duraznos cortados en cubitos

5 tomates medianos, cortados por la mitad a lo largo, sin semillas y en rodajas finas

1/4 cebolla blanca, pelada, cortada por la mitad a lo largo y en rodajas finas

1 pepino grande, cortado por la mitad a lo largo y en rodajas finas

Vendaje
¼ taza de aceite de oliva virgen extra

2 cucharadas. vinagre de sidra de manzana

Sal gruesa y pimienta negra

Preparación
Combina todos los ingredientes del aderezo.

Mezcle con el resto de los ingredientes y mezcle bien.

Ensalada de uvas negras y tomates ciruela

Ingredientes:

12 piezas uvas negras

5 tomates ciruela medianos, cortados por la mitad a lo largo, sin semillas y en rodajas finas

1/4 cebolla blanca, pelada, cortada por la mitad a lo largo y en rodajas finas

1 pepino grande, cortado por la mitad a lo largo y en rodajas finas

Vendaje

¼ taza de aceite de oliva virgen extra

2 chorros de vinagre de vino blanco

Sal gruesa y pimienta negra

Preparación

Combina todos los ingredientes del aderezo.

Mezcle con el resto de los ingredientes y mezcle bien.

Ensalada de uvas rojas y calabacín

Ingredientes:
10 piezas. uvas rojas

5 tomates ciruela medianos, cortados por la mitad a lo largo, sin semillas y en rodajas finas

1/4 cebolla blanca, pelada, cortada por la mitad a lo largo y en rodajas finas

1 calabacín grande cortado por la mitad a lo largo, en rodajas finas y blanqueado

Vendaje
¼ taza de aceite de oliva virgen extra

2 chorros de vinagre de vino blanco

Sal gruesa y pimienta negra

Preparación
Combina todos los ingredientes del aderezo.

Mezcle con el resto de los ingredientes y mezcle bien.

Ensalada de col lombarda y tomatillo

Ingredientes:

1/2 repollo rojo mediano, en rodajas finas

10 tomatillos, cortados por la mitad a lo largo, sin semillas y en rodajas finas

1/4 cebolla blanca, pelada, cortada por la mitad a lo largo y en rodajas finas

1 pepino grande, cortado por la mitad a lo largo y en rodajas finas

Vendaje

¼ taza de aceite de oliva virgen extra

2 chorros de vinagre de vino blanco

Sal gruesa y pimienta negra

Preparación

Combina todos los ingredientes del aderezo.

Mezcle con el resto de los ingredientes y mezcle bien.

Ensalada de pepino, champiñones y repollo Napa Enoki

Ingredientes:

1/2 repollo Napa mediano, en rodajas finas

15 hongos Enoki, en rodajas finas

1/4 cebolla blanca, pelada, cortada por la mitad a lo largo y en rodajas finas

1 pepino grande, cortado por la mitad a lo largo y en rodajas finas

Vendaje

¼ taza de aceite de oliva virgen extra

2 cucharadas. vinagre de sidra de manzana

Sal gruesa y pimienta negra

Preparación

Combina todos los ingredientes del aderezo.

Mezcle con el resto de los ingredientes y mezcle bien.

Ensalada De Piña, Tomate Y Pepino

Ingredientes:

1 taza de trozos de piña en lata

5 tomates ciruela medianos, cortados por la mitad a lo largo, sin semillas y en rodajas finas

1/4 cebolla blanca, pelada, cortada por la mitad a lo largo y en rodajas finas

1 pepino grande, cortado por la mitad a lo largo y en rodajas finas

Vendaje

¼ taza de aceite de oliva virgen extra

2 chorros de vinagre de vino blanco

Sal gruesa y pimienta negra

Preparación

Combina todos los ingredientes del aderezo.

Mezcle con el resto de los ingredientes y mezcle bien.

www.ingramcontent.com/pod-product-compliance
Lightning Source LLC
Chambersburg PA
CBHW071431080526
44587CB00014B/1798